실용사전식

현대 사주명리학 길라잡이

편저 박이순

KB057392

☆ 상대방 내면을 아는 일진 비법
☆ 생년에 의한 운명 판단법
☆ 성명학적 오행풀이 비법
☆ 운명 판단법 육신론
☆ 12신살론 작용 및 판단법

지식의농장심
법문 북스

실용사전식

현대 사주명리학 길라잡이

편저 박이순

☆ 상대방 내면을 아는 일진 비법
☆ 생년에 의한 운명 판단법
☆ 성명학적 오행풀이 비법
☆ 운명 판단법 육신론
☆ 12신살론 작용 및 판단법

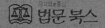 법문 북스

서 두 언

현대사회에서 역학을 연구하고 발전을 거듭해 가는 철학에 대한 진리와 그 신비스러움에 감탄을 하고 있다.

현재 우리나라에 철학을 하는 분들은 모두 각시도에 30만명 이상에 이른다고 한다. 그러나 누구에게도 과거의 모순과 현재의 아픔은 잠재되어 있을 것이다. 그러므로 더욱 더 노력하여 잘되어 보려고 열심히 뛴다. 인생이 어떠한 환경에 처하든 어려움이 있기 마련이다. 미래를 개척하려는 마음이 있듯이 앞날을 미리알고 위험을 미연에 방지하여 좋은것을 좋은 방향으로 유도하여 실천하면 좋으련만 모든 사람들이 다 그렇지는 않다. 무슨일에 조심이 없다가도 일이보이고 잘못되어 고통을 당할때 비로소 찾아와 호소하는 분들이 많다. 그러나 그때는 이미 늦은것이다. 미리알고 조심성있게 살아 가는것이 철학인의 좋은 방편인것이다. 그러므로 독자 여러분들이 나름대로 공부하면서 중도에서 글의 뜻과 각 인자에 숨어있는 사주흉살을 발견못하여 고민에 시달리는 예가 많을 것이다. 본인은 금년 만 25세의 나이로써 이책을 집필하는데는 본인의 뜻이 있다. 첫째는 우리나라역학계의 발전을 위한 것이며 둘째는 누구라도 한글만 알면 사주흉살을 쉽게 판단하고 철학에 대한 모든 해명과 성명학 풀이도 한눈으로 볼수있게 한글판으로 엮었으며 무궁무진한 철학의 신비와 놀라움에 감탄하는 젊은분들이 누구라도 열심히 읽기만 하면 사주에 모든 문제를 통달할수 있읍니다. 또한 이 한 권의 책으로 연구를 거듭하여 자격증을 취득하고 발전을 거듭하시길 바라오며 아직도 이를 종교로 잘못알고 계신 분들이 많은데 사실 철학은 종교와는 무관한 것입니다.

여지껏 한문을 몰라서 배우기 힘들고 한문의 어려움 때문에
난관이 많았으나 본인의 이런 문제를 해결하기 위한　일념으로
완전 한글판으로 집필하였으니 공부하는데 어려움없이 학문을 통
달할수 있을 것입니다.
　　끝으로 본 책자를 구입하여 주신분들께 감사를 드립니다.

　　　　　　　戊辰年　　朴　　以　　順　〈編〉

목   차

제 2 편 상대방의 내면을 아는 일진비법

제 3 편

제 4편

제1장 총론 특수 비법

제 6 편 초년운, 중년운, 말년운 보는법

제 1 장 해설

인상학적으로 본

제1편 사주학(四柱學) 해설

사주란 무엇인가 말로만 사주팔자라 하는데 그 사주 팔자란 어떻게 만들어지며 무엇을 팔자라 하는가에 대한 설명은 다음과 같읍니다.

천지만물에는 음양이 있으며 즉 하늘과 땅이 있듯이 모든 생존의식을 갖고있는 그 자체는 음양에 구분이 있으며 소우주라고 하는 사주철학에도 하늘이라 칭하는 천간과 땅이라고 하는 지지가 있는 것입니다. 그럼 무엇이 사주이며 무엇을 팔자라 하는가 즉 쉽게 설명하면 자기가 태어난 년, 월, 일, 시는 사주이며 년과 월에 또는 일, 시 등에 각 두자의 육십갑자 천간과 지지가 있는데 이를 합치면 8글자이니 이를 팔자라 합니다.

그러므로 년, 월, 일, 시는 사주이며 이에 두자식의 글자가 모두 8이므로 사주팔자라 한다.

그럼 육십갑자에 대한 도표와 육신표출법도 다음 페이지에 서술하였으니 아주 쉽게 이해할 수 있을 것입니다.

제1장 육십갑자 〈六十甲子〉

※ 다음 도표에 기재된 육십갑자는 기초이며 크게는 운명에 대한 모든 문제를 풀이하며 각 인자의 뜻은 무궁무진 한것이며 옆에 한글을 서술하였으니 암기하는데 별 어려움이 없을 것입니다.

甲子 갑자	甲戌 갑술	甲申 갑신	甲午 갑오	甲辰 갑진	甲寅 갑인
乙丑 을축	乙亥 을해	乙酉 을유	乙未 을미	乙巳 을사	乙卯 을묘
丙寅 병인	丙子 병자	丙戌 병술	丙申 병신	丙午 병오	丙辰 병진
丁卯 정묘	丁丑 정축	丁亥 정해	丁酉 정유	丁未 정미	丁巳 정사
戊辰 무진	戊寅 무인	戊子 무자	戊戌 무술	戊申 무신	戊午 무오
己巳 기사	己卯 기묘	己丑 기축	己亥 기해	己酉 기유	己未 기미
庚午 경오	庚辰 경진	庚寅 경인	庚子 경자	庚戌 경술	庚申 경신
辛未 신미	辛巳 신사	辛卯 신묘	辛丑 신축	辛亥 신해	辛酉 신유
壬申 임신	壬午 임오	壬辰 임진	壬寅 임인	壬子 임자	壬戌 임술
癸酉 계유	癸未 계미	癸巳 계사	癸卯 계묘	癸丑 계축	癸亥 계해

제1절 천간과 지지 및 계절

사주에는 천간과 지지가 각각 있는데 이는 다음과 같습니다.

천간 〈天干〉

① 甲 乙 丙 丁 戊 己 **庚** 辛 壬 癸
〈갑〉〈을〉〈병〉〈정〉〈무〉〈기〉〈경〉〈신〉〈임〉〈계〉

지지 〈地支〉

② 子 丑 寅 卯 辰 巳 午 未 申 酉 戌 亥
〈자〉〈축〉〈인〉〈묘〉〈진〉〈사〉〈오〉〈미〉〈신〉〈유〉〈술〉〈해〉

③ 사주풀이에서 寅〈인〉은 1월인데 이 계절의 도표는 다음과 같이 되는 법입니다.

寅 卯 辰	巳 午 未	申 酉 戌
正月 2月 3月	4月 5月 6月	7月 8月 9月
봄	여름	가을

亥 子 丑
10月 11月 12月
겨울

봄은 木〈목〉이니 색은 청색이며 방위는 동방에 속한다.
여름은 불이니 색은 적색이며 방위는 남방이라 한다.
가을은 금이요 색은 백색이며 방위는 서방에 속한다.
겨울은 수요 색은 흑색이며 북방에 속한다.

제 2 절 오행상생과 상극 및 음양

오행에는 상생과 상극관계가 있는데 사주에서는 매우 중요한 요소이며 상생 및 상극 관계가 절대적으로 구분되는 것이다.

① 오행상생 관계
　금 생 수　수 생 목　목 생 화　화 생 토　토 생 금
　金 生 水　水 生 木　木 生 火　火 生 土　土 生 金

② 오행상극 관계
　금 극 목　목 극 토　토 극 수　수 극 화　화 극 금
　金 剋 木　木 剋 土　土 剋 水　水 剋 火　火 剋 金

③ 음양〈陰陽〉의 영향

오행에 음과 양이 있듯이 천지만물에도 음양의 조화로 인하여 이루어져 있다. 양성 하나만으로도 어떠한 물체나 형태를 이룰 수 없으며 음성 하나만으로도 존재할 수 없듯이 세상만사에는 음양의 영향력이 절대적이며 어떠한 형태나 물체도 우주가 있는 한은 음양이 꼭 있기 마련이며 모든 만물은 음양이 구분되어 있다.

④ 천간의 음양 〈天干〉

天干陽 〈천간양〉 = 甲〈갑〉 丙〈병〉 戊〈무〉 庚〈경〉 壬〈임〉
天干陰 〈천간음〉 = 乙〈을〉 丁〈정〉 己〈기〉 辛〈신〉 癸〈계〉

⑤ 지지의 음양 〈地支〉

地支의 양 = 子〈자〉 寅〈인〉 辰〈진〉 午〈오〉 申〈신〉 戌〈술〉
地支의 음 = 丑〈축〉 卯〈묘〉 巳〈사〉 未〈미〉 酉〈유〉 亥〈해〉

⑥ 숫자의 음양
陽양 = 1 , 3 , 5 , 7 , 9
陰음 = 2 , 4 , 6 , 8 , 10

⑦ 오행의 음양을 다음 도표에서 쉽게 찾아볼 수 있을 것입니다.

음양＼오행	木		火		土		金		水	
〈＋〉〈―〉 양 음	甲 寅 ＋	乙 卯 ―	丙 巳 ＋	丁 午 ―	戊 辰 戌 ＋	己 丑 未 ―	庚 申 ＋	辛 酉 ―	壬 亥 ＋	癸 子 ―

제 3 절 천간합 〈天干合〉

천간과 지지는 각기 다르나 천간은 천간끼리 지지는 지지끼리 서로 합쳐지므로 오행이 서로 변화되는 것을 말함이다.

① 천간合

甲己는 土〈토〉 乙庚은 金〈금〉 丙辛은 水〈수〉

丁壬은 木〈목〉 戊癸는 火〈화〉

이와 같이 合하여 서로가 다른 오행으로 모습을 바꾸게 된다.

② 支三合 〈지삼합〉

申子辰＝수 寅午戌＝화 亥卯未＝목 巳酉丑＝금

③ 支六合 〈지육합〉

子丑＝토 寅亥＝목 卯戌＝화 辰酉＝금 申巳＝수

午未＝각각

제 4 절 충, 파, 해, 원진, 작용

① 천간충 〈冲〉

甲庚＝冲 乙辛＝충 丙壬＝충 丁癸＝충 戊甲＝충

己乙＝충 庚丙＝충 辛丁＝충 壬戊＝충

② 지지충 〈地支冲〉

子午＝충 丑未＝충 寅申＝충 卯酉＝충 辰戌＝충

巳亥＝충

③ 지육파 〈支六破〉

寅亥＝파 丑辰＝파 戌未＝파 子酉＝파 午卯＝파

申巳＝파

④ 지육해 〈支六害〉

子未=해　　丑午=해　　寅巳=해　　卯辰=해　　申亥＝　해

酉戌＝해

⑤ 지상형 〈支相刑〉

寅巳申=시세지형　　丑戌未=배은지형　　子卯＝무례지형

辰午酉亥=자형

⑥ 지원진

子未=원진　　丑午=원진　　寅酉＝원진　　卯申＝원진

辰亥＝원진　　巳戌＝원진

제5절　시간과　천간의　성격

다음에 기재된 시간은 알기 쉽게 되어 있으며 누구나 자기가
출생한 시간쯤은 알아두는 것이 좋을 것이다.

① 시간표

오후　11시부터　오전　1시까지는　子時

오전　　1시부터　오전　3시까지는　丑時

오전　　3시부터　오전　5시까지는　寅時

오전　　5시부터　오전　7시까지는　卯時

오전　　7시부터　오전　9시까지는　辰時

오전　　9시부터　오전　11시까지는　巳時

오전　11시부터　오후　1시까지는　午時

오후　　1시부터　오후　3시까지는　未時

오후　　3시부터　오후　5시까지는　申時

오후　　5시부터　오후　7시까지는　酉時

오후　　7시부터　오후　9시까지는　戌時

오후　　9시부터　오후　11시까지는　亥時

② ― 천간의 성격 ― 10간성 작용 ―

※ 이 천간은 일간을 기준하고 위치가 바뀌어도 성격은 변하지
않는다.

甲갑일주=동양목, 즉 기둥감 큰목 대들보 등 큰것을 뜻하며 보
양 목 기에는 까끄럽지만 접촉하고 보면 부드럽고 내면은 따
뜻하여 순진, 정직, 통솔력, 교육계의 자질이 있고 어
딜가도 잘되는 편입니다.

乙을일주=화초목, 연하고 감칠맛 나는듯 하고 부드러운 면이있
음 목 고 유순하고, 온순하며, 특히 재치가 있어서 대인 즉
남에게 미움을 안사고 모든면에서 감초같은 역할을 하
며, 외교적에서 실력을 발휘하게 됩니다. 특히 이 경우
세일즈맨으로 성공하는 이가 많습니다.

丙병일주=태양목, 그 열기가 뜨거운 것 처럼 매사에 화끈하고
양 화 정열이 가득한 열기처럼 적극적이고, 싸워도 이내 풀
어지는 깨끗한 마음이고 남과 원한을 사지않고 탁트인
성격입니다. 이경우 정치, 용역, 업무등에서 크게 발전
합니다.

丁정일주=등촉화, 큰 불이 아니고 작은불의 빛을 받아서 어두운
음 화 곳을 밝혀주고 있으며 은은한 불빛이며 주위의 물건등
무얼 찾는데 도와주는 불빛 또한 사람을 인도하는 소
등입니다. 사색좋아하고, 탐색좋아하고, 특히 수사관 과
학자 역사학자의 자질로써 직장에 가 크게 실력을 발
휘하게 됩니다. 또한 노력형의 자질이 있습니다.

戊무일주=성각토, 든든한 토, 시멘트나 돌벽등, 식상의 식물가꾸
양 토 는 흙은 아닙니다. 단단한 흙임이 무겁고, 보수적이
며, 조직적인 역할로 크게 적성을 보이게 됩니다.

비밀을 잘 지키므로 인해 크게 참모역할까지 하게 될
판입니다. 아주 넓은 것을 의미하는 거죠

己기일주＝전원토, 자연흙 식물을 키우는 흙입니다. 집안의 화분
음 토 또는 작은 곳에 사용하는 흙 무엇이든 몸에 닿기만하
면 자기것으로 만드는것이고 소화시킵니다.
종교방면이나 비밀등에서 적성을 크게 발휘하고, 전방
즉 남앞에 나서지 않아도 큰일을 성사시키는 역할, 규
칙적 법률의 업무를 받아 중시하고 있읍니다.
사람의 일을 조금이나마 도와주는 편에서 손쉬운 것이
되는 것입니다.

庚경일주＝무쇄금, 녹지않는 강한금 무기나 칼 등 강한것 만들때
양 금 쓰이는 무쇠의 강절입니다. 군인, 의사, 공업기술 방
면에서 크게 곽광을 받읍니다. 그러나 남을 위하는 편
이죠. 대위를 위해 소을 희생할줄 아는 사람 입니다.

辛신일주＝금, 은, 주옥, 보석이나 악세사리 등 귀중품 또는 값
음 금 진 물건의 빛이나는 것을 말하는 것입니다. 다소 교만
하나 정직하고, 불의를 용서하지 않는 편입니다.
타인에게 정신적으로 굴림하는 직종에 많이나가 있읍
니다. 사상가 야당, 성치인, 언론기자 등에서 능력을
발휘하는 경우가 많이 있읍니다.

壬임일주＝대하수, 큰물 강물이나 하천물 바닷물등 큰 호수처럼
양 수 많은 물을 의미하는 것이며 차갑고 냉혹하고 남을 처
벌 또는 정신적으로 압박을 주는 직종에 속하며 즉

목조인, 분석가, 다방 등 면에 진출하여 크게 만물박
사로 굴립하여 압도하게 됩니다.

癸계일주＝우로서, 이슬, 안개비처럼 물을 크게 만들지 못하고 식
음 수　물에 습기를 제공해 성장을 촉진시키는 작용의 물을
말합니다.

종교, 교육가, 과학자 등 교육자를 지원 배출하는 업무
에 종사하게 됩니다. 정신적으로 시심을 가져 남의
성공을 도와주며 자신이 손수 일을 바라만 보지 못하
고 적극적 진출을 도모하는 수도 있읍니다.

제 2 장 육신과 표출법

육신이란? 비견, 겁재, 식신, 상관, 편재, 정재, 편관, 편인, 정인 이상의 열가지를 말하며 이 모두를 합칭하여 육신이라 한다.

육신은 자기 생일의 천간으로 다른 천간과 지지를 대조하여 표출하는데 일간은 자기이며 사주에 주인공이다. 그러므로 다른 오행과 생극 관계를 살펴서 정해지는 것이 육신이라 한다.

① 육신 표출법

비견 일간과 오행이 같고 음양도 같은 것을 말한다 〈甲－甲〉

겁재 일간과 오행은 같으나 음과 양이 다른 것이다 〈甲－乙〉

식신 일간이 생하여 주는것으로 음양이 같으면 식신이다 〈甲－丙〉

상관 일간이 생하는 것으로 음양이 다르면 상관이다 〈甲－丁〉

편재 일간이 극하는 것으로 음양이 같으면 편재라 한다 〈甲－戊〉

정재 일간이 극하는 것으로 음양이 다르면 정재라 한다 〈甲－己〉

편관 일간을 극하는 것으로 음양이 같으면 편관이다 〈甲－庚〉

정관 일간을 극하는 것으로 음양이 다르면 정관이라한다 〈甲－辛〉

편인 일간을 생하여 주는것으로 음양이 같으면 편인이다 〈甲－壬〉

정인 일간을 생하여 주는것으로 음양이 다르면 정인이라한다 〈甲－癸〉

② 육신 표출법 보충 설명

육신에 있어서 음양이 어떻게 하여 육신이 정하여 지는것에 대한 설명을 좀더 보충한다.

甲과 甲은 양목이니 오행도 같고 음양도 같으므로 비견이라 한다.

甲과 乙은 양목과 음목이니 오행은 같으나 음양이 다르므로 겁재라 한다.

甲과 丙은 양목과 양화다 내가 생하는 것으로 음양이 같으니 식신이다.

甲과 丁은 양목과 음화다 내가 생하는 것으로 음양이 다르니 상관이다.

甲과 戊은 양목과 양토이다 내가 극하는 것으로 음양이 같으니 편재이다.

甲과 己은 양목과 음토다 내가 극하는 것으로 음양이 다르니 정재이다.

甲과 庚은 양목과 양금이다 나를 극하는데 음양이 같으므로 편관이다.

甲과 辛은 양목과 음금이다 나를 극하는데 음양이 다르니 정관이다.

甲과 壬은 양목과 양수다 나를 생해주는 것으로 음양이 같으니 편인이다.

甲과 癸은 양목과 음수이다 나를 생해주는 것으로 음양이 다르니 정관이다.

③ 육신 표출 도표

다음 도표를 참고하여 일간과 대조하면 쉽게 육신을 표출할 수 있을 것입니다.

日干＼四柱	甲日	乙日	丙日	丁日	戊日	己日	庚日	辛日	壬日	癸日
甲	비견	겁재	편인	정인	편관	정관	편재	정재	식신	상관
乙	겁재	비견	정인	편인	정관	편관	정재	편재	상관	식신
丙	식신	상관	비견	겁재	편인	정인	편관	정관	편재	정재
丁	상관	식신	겁재	비견	정인	편인	정관	편관	정재	편재
戊	편재	정재	식신	상관	비견	겁재	편인	정인	편관	정관
己	정재	편재	상관	식신	겁재	비견	정인	편인	정관	편관
庚	편관	정관	편재	정재	식신	상관	비견	겁재	편인	정인
辛	정관	편관	정재	편재	상관	식신	겁재	비견	정인	편인
壬	편인	정인	편관	정관	편재	정재	식신	상관	비견	겁재
癸	정인	편인	정관	편관	정재	편재	상관	식신	겁재	비견
비고.	양목	음목	양화	음화	양토	음토	양금	음금	양수	음수

제3장 운명판단법 육신론
―비견의 작용―比肩

제1절 비견은 일간과 오행이 같고 음양도 같음이다.

① 육친은

동기간, 형제, 또는 자신을 본다.

② 비견이란

돋아나는 새싹처럼 작고 어린이 상태의 귀염둥이와 같기 때문에 어른들의 사랑을 독차지하고 무엇이든 보면 입으로 가져가는것처럼 경제적 가치를 초월한 허무맹랑한 소유력 상태로써 같이 놀아주기를 맹목적으로 바랍니다.

③ 직장인 비견운

유흥방면에 몰두하거나 여인을 사귀어 놀아나기에 바쁘고 허망한 생활이 되기 쉽다. 가족외 엉뚱한 친구등을 사귀어 집안에 불안을 주게 됩니다.

④ 사업인 비견운

무단히 추구하는 사업에 소홀히하고 분수에 걸맞지 않게 자가용을 구입한다거나 지사, 지점등을 설치하는등 무모한 행동을 자행하게 됩니다.

⑤ 혼인기 남·녀 비견운

뜻밖에도 놀기에 바쁘고 허무한 생활을 하게되고 부모들이 보기에는 결혼상대자를 미흡한 상대자로 선택하여 부모의 애간장을 태우기도 합니다.

⑥ 어린이들 비견운

부모나 이웃에서 관심을 가질만큼 영악하고 총명하게 성장이 됩니다.

⑦ 기혼여성 비견운

부부간에 불편이 일어나고 일명 공방살이라하여 남편의

외도나 별거등 일이 생기게 됩니다.

⑧ 생년, 비견운

만나면 이사, 전업, 분가등 대부분 미래성이 없이 단방문 등으로 바람직하지 못한 일이 변동스럽게 일어나지요

⑨ 비견특수 작용운

늦어지다. 능률부진, 모든일이 저조함을 뜻합니다.

—겁재의 작용—劫財

제 2 절 겁재 일간과 오행은 같으나 음양이 다르다.

① 육친은

자매동기간 또는 이복형제 등으로 보게 됩니다.

② 겁재란

개구장이 상태이고, 별로 가진것도 없이 서로 싸우는 형상이 일어납니다. 충격적보다는 우발적 사건이 많고 자신의 힘 부족한 것을 말합니다.

③ 직장인 겁재운

파벌이나 경쟁심리가 평배한 곳에서 근무를 하게 되고 심리적 위축을 받읍니다.

④ 사업인 겁재운

동일 업종이 많은 사업을 하므로 경쟁자가 많아서 방해를 받게되고 사업운명에 고난이 따르고 정신적 고통이 따르게 됩니다.

⑤ 혼인기의 남·녀 운

대운이나 세운에서 겁재를 만나게 되면은 남의 애인을 탈취하는등 비교적 온당치 못한 방법으로 이성교제가 이루어지게 됩니다.

⑥ 학생들 겁재운

친구, 교우관계로 공부보다 스포츠나 기능적 방면에서 특기를 나타내는 수도 있지만, 대게 거의가 못난친구와 휩쓸려서 분수를 넘는수가 있읍니다.

⑦ 하루일진 겁재운

벗을 만나거나 동업자를 만나서 서로 부려먹거나 이용을 당해주는 일들이 생기게 되며, 이경우 모든것이 연속성이 없는 것이 되는것이지요.

⑧ 겁재특수 작용

겁재는 분당해가는 것이고, 빼앗기며 이 겁재운에는 대게 경제적으로 곤궁하게 되고, 빚을 지거나 예측못할일이 생기게 됩니다.

⑨ 甲과 乙의

양일주가 음의 겁재를 만나면은 훨씬 유리합니다. 그것은 오빠가 여동생을 만나면은 부릴수 있지만 반대는 어렵기 때문입니다.

—식신의 작용—食神

제 3 절 식신은 일간이 생해주는 것으로써 오행과 음·양이 같은 것이다.

① 육친은

자식, 후배 또는 손아래 사람으로 보게 됩니다.

② 식신이란

양보, 지출의 과다, 생활비곤란, 자신이 손해를 많이 봅니다.

③ 직장인 식신운

후배나 남에게 실력이 있다고 자리를 양보하고 퇴직하거나 옮기는 일이 많지요

④ 사업인 식신운

사업번창하나 과다지출로 손해와 실현을 당하는 경우도 종 종있으며 순탄하지 않고 불쑥불쑥 어려움이 닥치게 됩니다.

⑤ 혼인기 남·녀 운

공부를 무기로 해서 바람직한 혼인을 많이 하게 됩니다.

⑥ 학생들 식신운

공부때문에 목적을 잃을수 있고, 식신운은 양보라하여 석차 가 저조하게 되고 이건 공부를 못하는것이 아니고, 1등이 어렵다는 겁니다.

⑦ 월주 식신은

장수하고 자식도 훌륭히 두게 되고 양보미덕이 많읍니다.

⑧ 세운 식신은

굶는 식구가 늘고 기도적 교육적 입장에 서게됩니다.

⑨ 하루일진 식신은

음식대접등 받는일이 생기게 됩니다.

⑩ 사주원국에 식신

악한 사람이 없고 양보와 미덕의 베품이 많다고 합니다.

⑪ 여성의 경우

식신은 아이를 둘수있고 아들로 상징됩니다.

―상관의 작용―傷官

제4절 상관은 일간이 생하는것으로 오행은 같고 음양이 다른것 입니다.

① 육친은

딸로 보는게 정설이고 조모로 보기도 합니다.

② 상관이란

흉한걸로보고, 손해, 어려움, 백해무익이다. 즉 낙방생 정도

의 작용, 수익을 위해 그때 그때 방편생활등 공식을 가장
한것 또는 과부되기 쉬운 별입니다.

③ **직장인 상관운**

비밀수의 생기고, 비공식 개인용돈, 업주나 상사에게 비밀리
탐용함, 그러다 비밀폭로로 직장을 잃게되지만 대게 거기
까지는 도달하지 않고, 음적·양적으로 실속있는 생활을 함.

④ **사업인 상관운**

남들에게 다소 비난받고, 어떤면에서 만족의 결실, 사업순창
하고 번창함. 그러나 비공식, 비합리적 즉 무허가 사업 탈
세등 입니다.

⑤ **기혼여성 상관운**

남편을 떠나보내고 사사로운 뜻행동, 이사하게 되고, 또는
과부되는 별이지요. 혼자라는 뜻입니다.

⑥ **혼인기 남·녀 운**

뜻밖에도 실속있는 사람만나서 경제적 부담없이 살게됩니다.

⑦ **학생들 상관운**

부모눈 속이고, 스승눈 속이고 정당치 않은 옳지않은 방면
에 빠지기 쉽습니다.

⑧ **어린이들 상관운**

무단가출 하거나, 유난히 분주하고, 부모의 애간장을 태우는
수 입니다.

⑨ **일년 신수에서는**

상관달에 소득증가하고 주거환경 넓어지다. 등 이사하게 됩
니다.

⑩ **일진에서는**

관제구설, 시비 등이 야기되니 각별히 주의를 요하고 조심
하시길 바랍니다.

⑪ 상관운에서는

지혜로운 활동으로 생활의 정도를 걸어가야 좋읍니다.

⑫ 여성은 길신운

자식을 둘수있는 희신이지요, 그러나 딸로 상징되지요.

―편재의 작용―偏財

제 5 절 편재는 일간이 극하는 것으로 오행과 음양이 같은것임.

① 육친은

본처외의 여자, 즉 애인이고 부친으로도 보게됩니다.

② 편재란

낙방하고, 재수마저 포기한 상태이며 사람의 인적심리 상태
를 말합니다. 임시방편등 막연한 생각, 허양된 욕구채우기에
몸을 불태우게되고, 허구성 및 의욕적으로 경제적인 면에
거만해 집니다. ※ 대비없는 일 구상은 몰락을 예상합니다.

③ 직장인 편재운

허용부리려고, 공금을 축내거나, 이성문제가 극도로 혼잡해서
이웃이나 사람들에게 인심을 잃어버리게 됩니다.

④ 사업인 편재운

빚을 겁내지 않고 무모하게 사업을 확장하다가 돌이킬 수
없는 입장에 빠지게 됩니다.

⑤ 혼인기 남·녀 운

신분에 맞지않게 애정사를 연출하다 망신당할운, 혼인을 하
여도 정도를 벗어나서 어려운일이 생기게 됩니다.

⑥ 학생들 편재운

공부에 자주 짜증이나고 성적도 기곡이 심함〈오르고 내리
고 함〉

⑦ 어린이 편재운

뜻밖에도 자주 아파서 목돈을 쓰게되고, 몸이 아파서 돈을
자주 축냅니다.

⑧ 여성에게는

편재운은 이익이 되는일이 퇴보를 면치못하게 됩니다.

⑨ 노년층에는

편재운은 경제적으로 큰 고충이 생김니다.

⑩ 기혼남성들은

아내를 기만하거나 괄시하고 분수외 지출건이 생기고, 아내
는 남편 때문에 몸살이 납니다.

⑪ 사주원국 편재

그사람이 다소 모험과 액션을 좋아하고 배짱이 큽니다.

⑫ 세운에서는

목돈은 만져도 빚을 지게되고, 심겨운 일 감행으로 보수외
경제적 혼란, 친구, 동기를 폐끼침.

⑬ 대운에서는

부채로 허덕이고, 세를 들어 생활하는등 적자를보고 곤란한
생계를 유지합니다.

⑭ 일진 편재는

일의 결실이 허황되고 탄식할 일이 생기게 됩니다.

⑮ 편재의 지혜는

절재있는 생활하세요, 활력소를 찾으려면은 노력을 많이해
야 이운을 극복합니다.

―정재의 작용―正財

제 6 절 정재는 일간이 극하고 오행은 같으나 음·양이 다르다.

① 육친은

정혼한 아내, 또는 처가집 식구들로 보게 됩니다.

② 정재란

바람직한 생활이되고 의무와 권리를 하고, 모범의 생활인,

헌신한 미덕, 노력이 보입니다.

③ 직장인 정재운

월급이 오르거나 승급·승진등이 있고 주위에서 총망받고

부러움을 사계됨.

④ 사업인 정재운

실속있는 경영방법으로 소득상승, 지출이 줄어들고, 흑자보

고 이익 보게 됨.

⑤ 군인, 경찰도

정재운에 승급·승진, 총망과 부러움사고, 신용을 얻게 됩

니다.

⑥ 혼인기 남·녀 운

축복받는 혼인, 자기보다 나은 배우자 만나게 됨, 행운을

쥐게 됩니다.

⑦ 기혼 남·녀 운

집도사고, 월세는 전세일고, 땅도 사고, 재산증식, 검소한

생활로 실속이 여물게 되지요.

⑧ 학생도 정재운

특히 수학과목에 재질이 오르고 모범생으로 리더가 됩니다.

⑨ 어린이들은

몸이 약해지고 또 돈쏠일이 생기게 되고 몸조심을 해요.

남을 다치게 하지요

⑩ 노년충 정재운

경제적 의무를 지니는 등 직접으로 매사를 담당하는 등 신체적 고통이 따릅니다.

⑪ 사주원국 정재가

있으면 양심적인 사람, 배짱좋고 큰일 척척 잘 진행하고, 〈처리가 좋은 사람〉

⑫ 세운에 정재운

주거환경을 반듯이 넓히고, 집안에 돈이 생기고 좋은 일이 생깁니다.

⑬ 일진의 정재운

금전운이 좋아지게 됩니다.

⑭ 정재의 지혜는

빚을 지더라도 부동산이나 장사 등 이익된곳에서 강력히 추진하면 호황을 맞게 됩니다. 어떤일을 해도 후유증이 따르지 않습니다.

—편관의 작용—偏官

제 7 절 편관은 일간을 극하는것 오행이 같고 음·양도 같음

① 육친은

사촌, 정혼한 남편외의 남자로 비유함.

② 편관이란

자기 자유 구속, 복종, 강압적임무, 저버릴수 없는 관계로 고생 등으로 봅니다.

③ 직장인 편관운

과거의 은혜 혜택때문에 월급이 부족해도 근무하게되고, 의리때문에 근무하고 불평 불만을 못하고, 책임과 긴장이 속을 썩히게 됩니다.

④ 사업인 편관운

지사나 지점등을 많이 차려서 인원이 많아 지출과다로 실
속없이 수익감소하고 경쟁때문에 결손많고, 자기 기업이 흐
리게 되며 분에 넘치는 선전 광고비 지출등 고전하고 지
출 돈 때문에 정신못차림 〈사업이 잘못 망하는 수가 있읍
니다〉

⑤ 기혼 남성들

가정을 소홀히하고 헛된 일에 시간낭비, 가정에서는 집안
식구들을 주눅들게 하는 운입니다.

⑥ 혼인기 남·녀운

억지 혼인이나 중매, 강제혼인, 마음에 없는데 삼자가 밀어
붙이는 운입니다.

⑦ 여성들은 편관운

강제 결혼등이 대부분이고 혼인도 본인외 강제로 끌려갑니
다.

⑧ 학생들은

공부를 소홀히하고 운동이나 놀기에 빠져든다.

⑨ 어린이들은

성장이 잘 안되고 잘 다치게 된다.

⑩ 노년층의 운

신병을 뜻해서 병고로 항상 시달리고 몸이 아파서 고생이
심해요. 사망률이 많지요.

⑪ 세운에서

적은 집으로 이사하게 되고 전세는 월세로 갈 경우가 많음

⑫ 일진 편관은

강제성이 있는 일을하게되고 불편한 점이 있어도 말도 못
하고 감수하여 처리하게 됩니다.

⑬ 편관운의 지혜는

많은 사람과 휩쓸지말고 조촐하게 생활하세요

─정관의 작용─正官

제8절 정관은 일간을 극하는 것 오행은 같으나 을·양은 틀리는것

① 육친은
  정혼한 남편
② 정관이란
  승진, 인기등 가난등 부부 편치못함, 구호의 지출 많고, 사욕은 없으나 지출이 많은 등 흠이 생기지요.
③ 직장인 정관운
  자기이익 없이 공식일 하기에 자기희생 많고 때문에 승진, 인기, 그러나 가정생활은 어려움, 집을 소홀하게 됨, 부부 좋지않은 일 등이 생기게 되지요.
④ 사업인 정관운
  많이 생기고 팔려도 외상은 없음. 그러나 이익은 박하고 적자에 허덕이게 됨. 투자액을 잘 먹는 어리석음을 저지르게 됨. 체면유지 때문에 남보기에 그럴듯하게 보이는 등모순으로 고통겪고, 무궁히 죄를 짓게되며, 〈자기의 손해를 뜻합니다〉
⑤ 기혼 남·녀 정관운
  경제적 고통을 겪게 됩니다.
⑥ 혼인기의 남녀운
  혼인에 축복은 받으나 대개 부모를 모시거나, 기분나쁘지 않은 부양가족이 생기게 됩니다.
⑦ 학생들
  뜻밖에도 성적이 저하되고 석차부진이 흠입니다.
⑧ 어린이들
  영리하고 순하고 착해서 바람직한 아이로 자람. 너무 어른스럽지요

⑨ 노인들

늙었어도 자식들 위해 헌신적, 노동력을 감당하게 됩니다.

⑩ 세운에서

식구가 늘고 부양가족이 생기게 됩니다.

⑪ 일진에서

남을 위해 좋은 일을 하게 됩니다.

⑫ 정관이란 뜻

의무와 인내를 뜻하고 소득의 결손에 뜻이 있읍니다.

⑬ 정관의 지혜

정관운에서 외교보다 집안에 헌신적이고, 지출을 줄이고 생활해야 하는게 바람직 하지요

—편인의 작용—偏印

제 9 절 편인은 일간을 생해주는것 오행과 음·양도 같다.

① 육친은

서모나 이모등 숭배자 지배인으로도 봅니다.

② 편인이란

심술이 굿은사람, 포악하고, 흉앙으로 보게 됩니다.

③ 직장인 편인운

극성스런 상사의 방해등 의견불화, 박봉허덕 등 심하게되면 월급도 못받는 경우가 됨. 아이디어 제안거부 받음 등 고난이 일지요.

④ 사업인 편인운

이익퇴보, 능률이 오르지 않고, 경영상 최악이 된다. 고전이 심해요. 특히 생산업은 극심히 타격받음, 사업의 실패수운이다. ※ 〈지사, 대리점은 제외하고 합니다〉

⑤ 기혼자들 편인운

자식의 일이 흉한작용, 특히 소화기나 자궁계통에 고생이

생길수 입니다.

⑥ 보통사람들은

하는일 막히고 뜻하지 않게 기만 당하고, 간섭받거나 방해
자 만나 고생입니다.

⑦ 학생들 편인운

부모나 스승의 관심을 사게되어 성적이 상승됩니다. 부지런
하고 〈약간 교만하지요. 〉

⑧ 어린이들

친척집, 외가댁에서 살수요. 바람직하게 자라게 됩니다.

⑨ 세운의 편인운

자식운이 좋지 못해 고통등 업무등 고통겪음 등이 일어납
니다.

⑩ 일진의 편인운

업무지연 등 짜증이 일어납니다.

⑪ 원국에 편인 있는

사람은 심술쟁이 소질갖고 있읍니다.

⑫ 편인의 지혜는

생활방법은 현실을 긍정적으로 받아들이고, 수양을 하는 자
세로 행운을 기다리는 자세로 대처하는 것이 좋읍니다.

─정인의 작용─正印

제 10 절 정인은 일간을 생하는것 오행은 같으니 음·양이 다름
이다.

① 육친은

친어머니로 보게됨, 좋은 뜻으로 봅니다.

② 정인이란

좋은 뜻이며, 대리인, 나를 위해 주는것 등 입니다.

③ 직장인 정인운

최고 책임자 대신 일하고, 중요업무를 맡고 대리역할함 즉
대리사장감 등 선·후배나 동기간 또는 동양인 사이가 대
부분입니다.

④ **사업인 정인운**

중요한 권리를 빼앗기고, 또는 맞기다시피하고, 맹목상 사
장행세가 될 운입니다. 부채가 너무 많아서 채권자, 은행이
감독권을 감행해 가고, 실권있는 친척이나 상사등이 실권자
로 군림할 수 밖에 없는 운입니다.

⑤ **기혼 남·녀 정인운**

추진의 일이 원점에서 다시 시작되고, 이건 강제성이 아니
고 자연원리에 의해서 발생함 즉 원대복귀하고 역시 자식
에 대한 피로운 일이 생길수 입니다.

⑥ **혼인기 남·녀운**

중매 결혼운이구요, 자식 출산이 늦는 징조다.

⑦ **학생들 정인운**

판에 박듯이 부모의견되로 하고 바람직한 태도를 보이게
됩니다.

⑧ **어린이 정인운**

귀여움 독차지하고, 총명하게 자라지만 형제간이 드물게 되
는 경우가 많습니다.

⑨ **노인들 정인운**

질병 침범이나 고독을 주두하고 고생과 외로움이 생길수요

⑩ **세운의 정인운**

실권 잃게됨, 즉 자기의 자리를 잃어버릴수요

⑪ **일진의 정인**

계약, 서류, 공부등 일에 관한 대리 행세를 하게 됨.

⑫ **정인의 지혜**

순리대로 흐르는되로 정돈된 생활추구 하세요

제 2 편   상대방의 내면을 아는 일진비법

제 1 장   일진비법   설명

※ 일진을 사용하여 상대방의 내면사연과 알고자하는 목적을
쉽게 알아 볼 수 있는 비법은 이 방법입니다.

이것을 내형법, 독신술, 불문사지법, 이라 합니다.   이는 미리
안다하여 그리칭하는 것입니다.

이것으로 하루 목적을 /

시간마다 목적을 /

대운에도 활용할 수 있읍니다 /

또한 상대방의 띠만으로도 현재의 심리상태를 헤아릴 수 있는
것이니 참고 하세요

상대방의 하루간의 마음과 형편을 알아볼 수 있는법을 설명하
겠읍니다.

먼저 자일에 만난사람은 어떤 사람인가? 다음과 같읍니다.

① 子일 이라면 (만난 사람은)

  ○ 모르게 한 일때문에 매을 맞을까, 칼을 맞을까, 야단맞을 일
    을하고서 두려움에 휩싸여 있을 겁니다.
  ○ 일시적인 잠깐의 실수로 인하여 주위나 여러사람들에게 무모
    한 짓거리라고 비웃음을 사고 있읍니다.
  ○ 지금까지 9년이나 혹은 11개월동안 높은 사람, 실력자들,
    있는자네게 혹사당한것이 피곤함에 이르러 절정에 달했읍니다.
  ○ 신경을 덜쓰고 편하게 살 방법을 모색하고 있는 중입니다.
  ○ 배운것이 오히려 분해서 억지로 참고 있으며, 다른 사람의
    힘을 빌리려 하고 현실을 타게할 궁리를 하고 있읍니다.

② 표일 이라면은 (만난 사람은)

○ 사람은 일을 찾아 사방팔방으로 헤메고 궁리를 해도 장기전으로
  몸을 담을수가 없고
○ 모두가 나의 일을 믿어주지 않고 있으며 땀이날 지경이다.
○ 본인 입장이 마치 도둑처럼 몰려있는 형편입니다.
  재산증식도 타격을 입고 있는 중이며
○ 도무지 자신의 일을 자신이 해결할수 없는 고통스러운 사연
  이 잠재되어 있읍니다.
○ 지난 8년 또 12개월간의 허물을 벗을려면은 일확천금, 일
  약스타가 되지 않고는 명예나 인심을 해복하기 어려움에 쳐
  해저 있읍니다.
○ 집안에서는 알지만 크게 소리내어 울지도 못한 형편입니다.

③ 寅인일 이라면 (만난 사람은)

○ 마치 죄진 사람을 지켜주고, 도와주는 형편에 놓여 있으며
  허물을 지은 사람이 발각되기라도 하면은 다함께 야단과 매
  를 맞을 입장에 놓여있읍니다.
○ 베일이 벗겨지기라도 하면은 집안과 친한 사람들에게 손가락
  질 받게되는 것이 당연하기 때문에 더욱 초조해 있으며,
○ 옛날 자리로 복귀하고 싶고
○ 옛날 황금기를 동경하고 있읍니다.

④ 卯묘일이라면 (만난 사람은)

○ 약삭 빠르고 근면한 공으로 덕을 쌓았고
○ 현재는 인격자적 대우를 받고 있지만 이 자리에 더 머물러
  있다가는 과거의 베일이 벗겨지거나 하는 날에는 무모한 행
  적으로 그 기간이 6년 또는 2개월의 행로로 무식한 소리
  를 듣게 되므로 그러한 형편에 놓여져 있읍니다.
○ 내가 약한것을 도와 주려다 내가 모든 면에 특히
  애정문제로 오인을 받을 내용도 잠재되어 있읍니다.

○ 서둘러서 배신자를 찾아 혼내주고 싶지만 두목별되는 사람이 눈치를 챌까 두렵고하여 복잡한 환경을 감수하면서, 아래 사람들에게 선심으로 대접하고 인심을 쓰고있는 중입니다.

⑤ 辰진일 이라면 만난 사람은

○ 어렵게 갈고 닦아온 실력이 도매급으로 시골사람 취급을 당하고 있습니다.

○ 막연한 허욕때문에 친한 사람의 말재주에 속아서 5년이나 혹은 3개월간의 쌓아올린 공이 무너질 당계에 있습니다.

○ 나를 신임해 주는 은인의 혜택을 무너뜨리게 될 지경에 이르렀으니 투기라도 한껏해서 인격적이라도 대우를 받고싶어 합니다.

○ 그러나 워낙 저질스러운 사람들과 연개된 인간관계로 말미암아 속아주는 척 하면서 불안한 것이 전혀 없는데 하고 있습니다.

⑥ 巳사일 이라면 만난 사람은

○ 찾아온 사람은 4년동안 또 4개월간의 자기분에 따라 행동해 왔던 과거의 아픈기억을 않고있는 사람입니다.

○ 지금은 뼈가 부서지도록 일을해서 역사성이 있는 거물이 되고 싶은 마음을 갖고 있습니다.

○ 종점의식을 갖고 있으면서 칙근자들의 대한 연성을 받치므로써 보람을 찾고자 마음먹고 있는 바람직한 사람입니다.

○ 현재에 걸어가고 있는 길을 다행스럽게 생각하고 있으며, 만일 이길마저 없었다면 수녀나 또는 스님 또한 그처럼 되어서 평생을 보내었으리라 생각하군요.

⑦ 午오일 이라면 만난 사람은

○ 가정의 책임을 감상해야 할 그러한 임무를 접어둔채 허송세월을 4년 또는 5개월간을 해온 사람이 틀림없읍니다. 집안 사람들에게는 불안과 안타까움을 끼치고 있는 중입니다.

○ 특히 성인들에게는 애정문제와 자녀관계에 이실짓고 할수도 없는 엄청난 추잡성과 부족함이 잠재되어 있기도 합니다.

○ 모든일들이 늦어지는 안타까움으로 말미암아 주변 사람들에게 불안을 심어주고 있는 중이라고 봐야 합니다.

○ 그래도 외교적으로는 많이 알려진 일을 해왔던 관계로 최후수단으로 외교수를 총동원하여 인격, 직업, 주택등을 수리나 수선하듯이 현실을 용납하고 인내하므로써 과거에 모순되게 행동해왔던 것을 카바하고 싶어하는 중입니다.

⑧ **未미일이라면 만난 사람은**

○ 공연히 딴사람이 주므러던 일을 조그마한 욕심때문에 도맡아서 이일도 저일도 제대로 못하고 어리둥절해하고 있는 중입니다.

○ 출세냐 몰락이냐 하는 기로에 서 있군요. 잘못하면은 8년이나 6개월간의 쌓아올린 기반이 무너질 위기에 놓여있는 관계로 가장 중요한 것은 어느것이나 전문적인 실력이 결례되어 있다는게 가장 고달폰 일입니다.

○ 만약 잘못하면은 배신 당한것은 별것이 아니고, 도리어 자신이 배신자로 몰려 있읍니다.

○ 생활 기모을 확쫄려서 남에게 베풀것을 베풀고 나면은 알몸만 남을 판이라서 대단히 위급한 생사귀로에 남아있읍니다.

⑨ **申신일이라면 만난 사람은**

○ 과거에 자기가 조금씩 베풀어주었던 업적들이 주위 사람들의 자유행동에 말려서 너무 오랫동안 끌어왔던 관계로 그기간이 7년이나 혹은 7개월간의 세월이 요구문절이라 털고있

어 설수도 없고 그렇다고 그냥 진행하기에는 실력이 너무없기 때문에 등볼에는 진땀이 흐르는 중입니다.

◦ 지금 몸을 담고있는 환경도 전망이 불투명한 상태이니 더욱 초조하고 불안한 상태입니다. 할수만 있다면은 내가 하던 일을 가까운 사람에게 대신 맡기고서 털털 먼길을 일정기간 동안 피하고 싶은 심정입니다.

◦ 양심적 마음으로는 지금까지는 나에게 베풀어준 사람들의 은 공을 잊을수 없기 때문에 가정은 버릴수 없거니와 불더미 속으로 뛰어들수도 없는 형편입니다. 다만 마음 한 구석에 는 나자신이 무엇으로도 부인할수 없는 책임자이기 때문에 내몸하나 희생만 하면은 기존의 생활기모를 지탱할수 있을지 궁리중에 있읍니다.

⑩ **酉유일이라면 만난 사람은**

◦ 진정으로 사랑에 대한 굶주림으로 살아 왔읍니다. 과거 6 년 동안이나 또는 8개월간을 내몸하나를 돌볼 겨를이없이 헌신 적으로 일해온것이 억울하기 짝이 없읍니다. 대단한 사람이 아닌데도 피지배자가 되어버렸으니 참으로 묘한 입장이라 하 겠읍니다.

◦ 주변에 주렁주렁 널린 기회주의자들과 아픔을 하소연하며 살 고 있읍니다.

◦ 진심으로 흉금을 털어놓고 상의할 진정한 상대자가 그립습 니다. 주위 사람들에서는 인간 대접 제값을 못받는게 더욱 억울합니다. 차라리 이럴바에는 약한 사람들에게 선심이나 쓰면서 살아가고 싶은 심정이며 스트레스가 많이 쌓여 있읍 니다.

⑪ **戌술일이라면 만난 사람은**

◦ 이중 노동과 이중생각으로 심적으로는 무척 방황하고 있는 사람입니다.

○ 잘못되어서 5년동안이나 또는 9개월동안의 비밀로 간직하고 있던 모순이 탈로 나기라도 하면은 본인은 짐승이 되어도 마땅할 비밀이 잠재되어 있읍니다.

○ 지조를 지킬것인가. 적당히 살아갈 것인가. 결정을 하지 못하고 인간적으로는 피해을 당하고 있으면서도 아픔의 소리도 못낼 압박감에 젖어 있읍니다. 누구에게도 항의를 할수 없는 처지에 놓여있는 관계로 앞 가슴을 조이고 있읍니다. 뒤 꽁무늬에 무엇인가를 숨겨두고 있는것 쯤으로 주위 사람들이 생각하고 있으니 더욱 두려움이 가득합니다.

⑫ **亥일 이라면 만난 사람은**

○ 자기 주위에는 너무나 많은 사람들이 있기는 한데 모두들 하나같이 일은 조금 해 놓고서 가장큰 일이나 하는것 처럼 날뛰는 사람들이 많은데 불쾌하지만 집안에서는 가장큰 어른의 입장이니 현실을 거부한다는 것은 말도 안됩니다. 왜냐 하면은 진작부터 허세를 부리느라고 큰소리쳐 놓은 것이 있기 때문에 내가 뿌린씨를 내가 거두어둘 판에 있읍니다.

○ 지금까지 4년이나 아니면 10개월째 닦아놓은 기반이 무너지기라도 한다면은 알몸이 될 판이라서 대단히 마음이 불안합니다.

○ 돈문제는 줄것 뿐이고 받을 것은 없으니 한심하다. 하겠읍니다.

○ 집안사람들이 보기에는 조상에 대한 일도 제대로 못할 판인데 나를 구속하려는 강압여건등이 많으므로 인하여 괴로워하고 있으며 몸은 고사하고 정신적으로 나마 홀가분해 졌으면 합니다.

○ 마음 한구석에는 강한 투기심이 있고, 영웅으로 탄생할 의욕도 갖고 있는 중입니다.

제2장 12신살론 작용 및 판단법

제1절 12신살론 구분 해설

그 신비한 묘법이 무궁무지하게 심어져 있으며 각자 철학인의
노력여하에 따라서 기구한 묘법이 발견되기도 합니다.
12신살도는 크게 3단으로 구분되어 있읍니다. 〈특히 궁합
을 볼때는 크게 적용됩니다〉

② 첫단계는 군으로 겁살, 재살, 천살, 지살 등으로 구분되며,
이는 임금의 위치, 임금, 군자, 군의 위치임.

③ 제2단계는 신으로 년살, 월살, 망신살, 장성살 등으로 구
분 이는 신하의 위치, 신하, 신자 신이라 함.

④ 제3단계는 민으로 반환살, 역마살, 육해살, 화개살 등으로
구분 이는 국민의 위치, 백성, 민자 민이라 함.

十二神殺 구분 年(띠)	화 계 華 蓋	육 해 六 害	역 마 驛 馬	반 환 攀	장 성 將 星 殺	망 신 살 亡 神 殺	칠 살	월 살 月 殺	년 살 年 殺	지 살 地 殺	천 살 天 殺	재 살 財 殺	겁 살 劫 殺
丑 酉 巳	丑	子	亥	戌	酉	申		未	午	巳	辰	卯	寅
戌 午 寅	戌	酉	申	未	午	巳		辰	卯	寅	丑	子	亥
未 卯 亥	未	午	巳	辰	卯	寅		丑	子	亥	戌	酉	申
辰 子 申	辰	卯	寅	丑	子	亥		戌	酉	申	未	午	巳
神殺原理	民〈민〉				臣〈신〉				君〈군〉				

① 12신살론 도표

⑤ 민의 위치 작용운

보통사람들에게서 크게 작용을 하는데 이는 반환 역마, 육
해, 화개살등의 민가살 위치가 좋은 방향으로 유도가 되고,
재물등을 얻을 수 있읍니다. 즉 큰 재물분가로 봅니다.

⑥ 신의 위치 작용운

하는일이 중개역할처럼 지탱형식으로 생활환경이 변하게 됨.
즉 줄을이어주는 교량역할, 신은 년살, 월살, 망신살, 장성
살 등이며 국가와 국민을 이루는 신하위치로 보면 적절함.
신에서 봉사의 일을 이룰 수 있으며, 남에 좋은일 많이
하게 됩니다.

⑦ 군의 위치 작용운

겁살, 재살, 천살, 지살등임. 외부로는 화려하고 권위가 있어 보
이지만 내심속에는 번거로움이 많고 걱정과 고민이 절정에 이
르게 됨. ※서민은 군위치에서 몰락운이 되는 것이지요.
※군에서 공부 목적을 이룰수 있음. ※사업은 최고 위치에
오르게됨. 발전상승 입니다.

⑧ 군위치에서

교육자, 공직자운, 군의 위치에서 승진 지휘향상이 됩니
다.

⑨ 여성의 군의 위치운

가장 흉한것으로 봅니다. ※ 군위치에 올라있는 여성은 남
편몰락, 또는 별거 부모사망등 가정으로는 높은 사람이 몰
락하고, 그럴때 군에서는 여성이 주장되서 생계유지하고 남
편이 가정 뒷바라지 정도로 살면 흉한일이 감소된다.

제 2 절 12 신살 구분별 작용운

① 겁살의 작용

작용은 역적모의 주동자등 겁살운에서는 강제처분, 또는 저장, 실권을 박탈당하는 경우가 생기게 됩니다. 실업자가 되어 놀게됨. 부진등 입니다.

② 재살의 작용

속칭 역모자 즉 암수를 써서 상대를 꺾으려다 오히려 당혹한 경우를 당하게 됨. 이혼등을 시도 하려다 경제적 타격을 입게됨. 수술수 등으로 보게 됩니다.

③ 천살의 작용

즉 임금의 위치라고 해서 움직일수 없는 위치, 병자나 가련한 상태로 해석하지만은 교육성 있는 일로 보고, 여성은 아주 안좋은 흉살입니다.

④ 지살의 작용

이는 임금의 가마와 같은 위치이며 제안의 한계는 있지만은 자유행위 시간이 주워지고 대우를 받게됨. 좋은 작용으로 봅니다. 해외초청 임금, 수금등이 여기에 속합니다.

⑤ 년살의 작용

신하위치의 첫번째 살이고 또는 도화살입니다. 〈임금을시 중하는 궁녀위치 정보, 수익과 손해는 관계없고 무난히 기다리고 있는 위치입니다.

⑥ 월살의 작용

왕국을 둘러싼 통벽을 뜻함. 침략을 막기 위함이니. 사무상 최고의 절정을 이루게 됨. 월살운이 지나면은 큰 발전을 기대하지 마세요.

⑦ **망신살의 작용**

일명 전쟁에서 아깝게 패한 적전지를 말합니다.
신품을 헌것으로 만들거나 교환행위에 속하고, 새것을 주고
헌것을 가진것과 같음. 사람들은 망신운을 당하게 되고,
도덕적 비난을 받지만은 실속이 짜여집니다.

⑧ **장성살의 작용**

군인 장교를 뜻하는 살입니다.
나라에 충성위에 아래는 국민에 충실등 자신의 몸과 노력
을 바쳐서 남에게 봉사하는 뜻입니다.
재물은 손해등, 기혼여성은 흉한살로 봅니다.
※ 속설 여자가 칼을 잡으면 남자가 떠난다는 말을 기억해
   요.

⑨ **반환살의 작용**

민가의 첫번째 살로써 말 또는 말안장으로 보게 됩니다.
어떤 업무에 철저한 준비로 보며, 활동은 쇠약한 것으로
보게 되며 소위 재수가 없다는 것으로 봅니다. 〈이쪽으로
머리두고 자면 금슬이 좋아집니다〉

⑩ **역마살의 작용**

즉 마차의 표현정도, 운송, 첩보, 활동등 의무와 책임을
다하는 베스트 경우로써 비교적 좋은 것으로 봐야하며, 한
편 분발의 뜻이 있는 것입니다.

⑪ **육해살의 작용**

일명 지름길등으로 표현 합니다. 큰길두고서 오솔길로서
먼저 목적지에 도달하려고 시도하자 범을 만난 경우와 같

음. 일정한 박해를 받는듯. 흉한살 입니다. 더욱이 공직자에
에게는 더욱 흉한살입니다.

⑫ 화개살의 작용

보좌관으로 표현, 흉한살로 보며, 업무에 뒤범버기 뜻으로
보게 됩니다. 〈일방통행을 막는 브레이크 역할정도로 보
라. 원국에 있음은 예술성 좋고 대운에는 나쁜작용입니다.

제3절 日辰 三合 심리 판단법

① 삼합비법 일진

三合으로도 상대의 심리를 판단할 수 있읍니다. 만일 子
일이라면 子의 삼합은 申子辰이므로 화개군을 보세요.
未는 천살 戌은 월살 丑은 반환 辰은 화개가 됩니다.
해묘미생은 천살군, 인오술생 월살군, 사유축생 반환군, 신
자진생 화개군으로 나누십시요.
삼합법엔 좋은 일보다 나쁜쪽으로 더 많이 추리함을 알아
두시기 바랍니다.

② 천살군의 심성

빈껍데기란 사실이 노출 , 상대방에게서 허풍선이라고 철투
철미하게 무시당함. 이럴때 화를내면 모든 기반을 잃을기미
요. 잘되어서 큰 소리를 치고 싶지만 모두들 말만 오가고
있는 실정. 진심으로 믿고 상의할 상대를 찾고 싶읍니다.
내가 잃은 실권을 되찾으려면 잘 해야하고 그것이 급선무
임. 안정을 바라고 싶은 심정입니다.

③ 반환살의 심성

기술적으로 분가나 분업을 생각하지만 상대가 너무나 사납
고 기질이 너무 강해서 옴짝달싹을 못할지경임. 왜냐하면

목을 메고 나를 쳐다보는 사람이 너무 많기 때문입니다.
결국 직업도 가정도 어떠한 식으로도 수술해야할 실정임.
그 기초작업을 상당히 진행해 왔으나 내 일이 안되고 있
는지가 2년이나 되고 적극적으로 일을하고 싶으나 할 일이
없고 죽고싶은 심정입니다. 내가 과거의 불장난이 꼬투리
잡혀 계속 물고 늘어져 협박당하는 위치입니다. 물론 노
출만 안되면 인격적 큰 대우를 받음은 물론입니다.

④ 월살군의 심성
본인이 경영권 또는 통설권자임. 동분서주하고 있으며 손수
본인의 십자가를 등에졌으며 일만하는 관계로 배우자가 측
근자들에게 지조가 없다는 말을 듣게 되거나 또는 그들
이 지조를 더럽혀도 그 본질만 변치 않으면 충분히 용납
할 의사도 갖고 있다. 현재 메너와 지조가 없고 그 질책
을 받고 있지만은 본인이 재가 되더라도 가족과 주변인사
들에게 밑거름이 될 수 있으리라 믿으며 하여간 여행이
많고 다소 지루한 관계가 있고 남몰래 저지른일이 2~3
년이되었고 죄책감이 있기 때문에 애정문제는 아랑곳하지
않고 가족도 남몰라라 하는 식으로 오직 나만 정도를 걸
어가면은 역사에 남을 인물이라고 결심하고 있읍니다.

⑤ 화개군의 심성
툭 털어놓을수 없는 애정사문제, 말하면 배우자가 알아차
리기 때문이다. 된다면 돈을 구해서 비밀을 커버하고 싶은
마음이고 성질대로하면은 관재사권 파혼등이 예상됩니다.
지난 1~2년의 행동이 날품팔이에 지나지 못한 터이니
매우 답답합니다. 기혼자는 배우자에게 덕을 많이봐서 앞
으로도 이용하기 위해서 잉꼬부부처럼 쇼를 부리고 있고,
배우자가 대단한 능력자라서 배우자몰래 살짝 돈을 빌려서
손해를 봐서 지금은 아얏소리도 못하고 있음. 만약 이실짓

-64-

고 하면은 성적으로 불량한 사람쯤으로 낙인이 찍히게 되
기 때문입니다.

제 3 편

제 1 장　생년에　의한　운명판단법

제 1 절　갑자년생〈甲子生〉

1) 갑자년생은 성품이 활발하고 용감하여 또한 급한 편이다. 사물에 격동하기 쉬워서 성질도 잘 낸다. 또한 잘 풀리기도 한다. 친구는 많으나 성질이 고르지 못하여 베풀때는 한없이 잘 하다가도 인색할 때는 한없이 인색한 것이 무정할 정도이다.

2) 부모덕은 없으며 혹 유산이 있다 하더라도 흐르는 물과같이 흐터지리라. 모든 재산을 탕진할 수 있으니 조심하라. 중년이후 재물이 모이므로 크게 영광을 안으리니 근심은 하지 말것이다.

3) 부부궁은 좋은 편이 아니므로 화목을 도모하라.　그러나 그다지 나쁘지도 않는 편이니 대체로 순조롭다.

4) 여자는 재주가 많으나 곤욕을 치르고 상처를 입을 액운이 있으리 자신의 몸을 각별히 조심하여 항상 따뜻이 보호하라.

5) 삼재는 인묘진〈寅卯辰〉년이 된다.

2. 을축년생〈乙丑生〉

1) 을축생은 성품이 지극히 유순하고 근면과 정직하다. 물론 참을성은 일품이다. 내면은 여러가지 배포가 숨어있다.　때로는 불평과 탄식이 많고 어쩔때는 성질을 부려서 자기의 성공길이 막히는 수도 많다.　그러나 부지런히 노력하므로 그덕으로 편안히 살게 된다.

2) 부모형제의 덕은 없으니 빈손으로 성가하는 운이다.　신상에 액이 많고 한때는 동분서주하게 된다. 자신의 끈기로 공명성이 보인다.

3) 부부궁은 첩을 두는 수요. 이성관계가 복잡하고　여인으로

하여금 낭패당할 운명이로다. 매사를 신중히 행하라.

4) 자식은 두 형제를 둘것이고 둘다 크게 되리라.   그러나
곤액이 있으니 잘 가르치기 바란다.

5) 삼재는 해자축 〈亥子표〉 년이 된다.

3. 병인년생 〈丙寅生〉

1) 병인년에 난 사람은 성질이 급하고 겸손하는 편이어서 잘
모르고 일을 하다가 잘못을 곧잘 저지른다. 의협이 많으나 돌
아보지 않고 도와 주려다 오히려 이로인한 손해가 막심하다.

2) 당당하여 식록이 따르고 모든일에는 웃사람 노릇을 하게
된다. 운세는 발전성이 있으며 의식이 풍족하리라. 운수는 좋
으나 초년이 불길하리. 몸조심을 하여라. 앞으로 공명성 있어서
크게 발전하리라.

3) 부모의 유산이 있으나 지키기 어렵다. 또한 두 부모를모
실 운수다. 자수성가로 큰 재물을 상당히 얻으리라.

4) 자식은 5형제를 둘 팔자로 본인은 신병에 주의하라.
간장이 몹시 쇠약하다.

5) 삼재는 신유술 〈申酉戌〉 년이 된다.

4. 정묘년생 〈丁卯生〉

1) 정묘생은 유순하고 너그럽다. 인정과 신의가 두텁고 지혜
가 총명하다. 장부다운 가상을 갖추었으니 인망이 높다. 좀 게
으르며 편한것을 좋아하니 성공보다 실패가 더 많을 것이다. 결
단력이 부족하여 사치스러운 면에 몰두하기를 좋아해서 낭비가
심하는 편이다.

2) 초년은 좋은 세월과 재물을 버릴수니 각별히 주의하고자
신의 손재주와 문공을 살려서 소원 성취하라.

3) 부모궁은 덕이 없으니 일찍 부모와 이별하기 쉽고 후문
에 결혼후부터 점점 나아질 것이며 큰 재물이 점차 늘어날 기

반이다. 형제의 덕이 없으니 자수성가 하게 되리라.

4) 자식운은 좋은 편이며 4형제를 두는 수요 또한 첩의 아들이 있게될 우려이니 조심하길 바란다. 유흥방면에 조심을 기한다.

5) 삼재는 사오미년 〈巳午未〉이다.

5. 무진년생 〈戊辰生〉

1) 무진생은 성질이 거칠며 사납고 자존심이 강하다. 마음이 넓으나 재주가 능수능란하다. 하나를 배우면 열개를 익히므로 재주 하나만을 믿고 사람들을 속이려다 본의 아니게 도리어 자신이 다치거나 속는다.

2) 부모형제 덕은 없다. 초년에 거부가 되나 곧 한때 풍파를 겪으리라. 그 이후는 운수대통하여 차차 크게 열리리라.

3) 부부궁은 이별수가 있으며 잘못하여 재가할 명이니 초년에 고난을 생각하여 잘 살려면은 사나운 성격과 잊을것은 잊고 온전하게 생애 베풀것은 베풀며 살아야 한다.

4) 자식궁은 두 형제를 두게 되나 한사람의 자식이 패를 끼치리니 어려서 건강에 몸을 조심하여야 한다.

5) 삼재는 인묘진년 〈寅卯辰〉이다.

6. 기사년생 〈己巳生〉

1) 기사년에 출생한 자는 쾌할하고 예민하여 굽히기를 싫어한다. 용모보다도 글 재주가 있어서 일찍 학문에 뛰어난 인물이 될 것이다. 또한 용맹스런 면이 있어서 민첩하게 행동하므로 외교수단이 있어서 크게 사회에 이름을 떨치리라.

2) 부모궁은 많은데 본인에게는 돌아올 것이 없으니 이것이 원망스럽다. 하겠으나 본인의 성질을 차분이 갈아 앉으려 애써서 좋은 쪽으로 일을 추진하면 성과 있으리라.

3) 자식궁은 3형제나 딸이 귀한 집안이다, 또한 모두 자수

성가 할 운이며 크게는 관직에 올라 사람의 잘못을 다스리는 일을 하리라.

4) 부부는 항상 도우며 함께 행복을 도와 집에 웃음이 만발하고 잘 살리라. 단 성질을 차분히 할 것이로다.

5) 삼재는 해자축년〈亥子丑〉이다.

7. 경오년생〈庚午生〉

1) 경오생은 성품이 어질고 씩씩하다. 단정히 하므로 혼자서 노력하는 형이다. 외향적이며 남에게 잘 털어놓는다. 친절한것 같으면서 박정한 면이 많다.

2) 부모의 사업은 본인이 더 늘려서 발전시키는 편이나 자칫 실수로 한때는 실패하나 오뚜기처럼 일어나 크게 성공한다.

3) 부부궁은 좋으나 다툼이 많으므로 중년에 고향을 떠나 살아야 발전을 거듭하리라. 여복이 있어서 복록을 누리며 호의호식 하리라.

4) 자식은 남매를 둘 팔자요. 큰 애가 초년에 관직에 오르니 집안에 경사가 만발하고 웃음이 떠날새 없이 크게 되리라.

5) 삼재는 신유술년〈申酉戌〉이다.

8. 신미년생〈辛未生〉

1) 신미년 출생자는 성품이 급하다. 쉽게 풀리며 생각이 깊고 마음의 포부가 원대하다. 항상 큰 계획을 세우지만 이루워지는 것이 적으니 생각을 많이하는 편이다. 골돌이 생각만 하다가 좋은 기회를 놓쳐서 실패하는 수가 있다.

2) 부모의 덕이 있을지라도 지키기 어렵고 고향과는 먼 타향으로 떠나서 수 많은 강산을 편답하고 분주히 뛰어다닐 판이다.

3) 부부는 이별할 것이니 각별히 조심하지 않으면 안된다. 실패의 상황을 너무깊게 생각한 나머지 부인과는 정이 박정하리라.

4) 자식은 삼형제를 둘것이로되 한 자녀가 일찍 객사할 것이니 몸조심하고 밤길을 삼가해야 할 것이다.

5) 삼재는 사오미년 〈巳午未〉이다.

9. 임신년생 〈壬申生〉

1) 임신년에 태어난 사람은 성품이 선량하고 유순하다. 물론 재물에 대한 욕심이 많은게 탈이다. 한번 마음먹는 일은 꼭 실천하고야 마는 성질이다. 또한 재능은 물론 많으나 말 재주가 제일이다.

2) 부모는 조실부모나 아니면 양자로 갈 팔자다. 부모의 유산도 없으며 형제간의 정도 없는게 한스럽다.

3) 부부궁은 고생이 많으나 일생 의복과 관록을 먹으며 살게 되리라. 초운은 불운이나 말년은 만사대통하리니 영화롭게 살 것이다.

4) 자식은 형제가 너무 영특하여 사랑을 받지만 중년에 여색의 피해가 있을 것이니 각별히 주의하고 사치를 부리지 말라.

5) 삼재는 인묘진년 〈寅卯辰〉이 된다.

10. 계유년생 〈癸酉生〉

1) 계유생은 강직하라 굽히질 않는 성격 때문에 종종애를 먹는다. 명예를 존중하나 너무 고집이 세다. 연구심이 강하고 자신의 잘못을 알면 고치는 버릇이 있어서 내몸이 희생하는 일이 있어도 행하는 고집이 곤액을 부른다.

2) 부모의 세업은 출생한 이후 되는게 없으며 가운이 풍파를 당한 집안이 되어 버렸으니 자신에게 돌아올 것은 하나도 없다.

3) 부부는 몸이 쇠약하여 병고로 시달리고 재첩을 얻을 상이다. 고독한 세월과 한탄 많은 고생을 많이 하라. 본인이 45세를 넘으면 큰 재물과 부귀로서 가운의 명예를 회복시키리라. 다만 남의 일에 간섭하지 말 것이다.

4) 자식은 오형제를 둘수요 막내의 명망으로 큰 부귀를 누릴 것이다. 항상 인내와 학문을 닦으도록 하면 큰 덕을 입으리라.

5) 삼재는 해자축년 〈亥子丑〉이 된다.

11. 갑술년생 〈甲戌生〉

1) 갑술년에 출생한 자는 성품이 용감하고 정직한 면이 있다. 이 사람은 거짓을 싫어한다. 의리를 숭상하고 굽히지 않는 굳센 정신이 있다. 사물에 잘 격동하므로 성을 급하게 내다가도 이내 풀어진다.

2) 부모덕은 가산을 지키지 못하고 고향을 떠나 타향에서 살 팔자로다. 초년은 고생이 있고 부모의 사랑을 못 받았다.

3) 부부는 운이 좋으나 건강이 쇠약하다. 또한 선악을 잘 가리거나 불구의 성질을 참지 못하여 큰 싸움을 하게되어 돈으로 크게 망할 우려가 있으니 사방에 친구를 조심하라.

4) 자식은 삼형제나 한 자식이 병고로 고생하리라 병액에 주의하고 항상 몸을 따뜻이 보호하도록 하라.

5) 삼재는 신유술년 〈申酉戌〉이 된다.

12. 을해년생 〈乙亥生〉

1) 을해년생은 성품이 좋으며 의협심이 많으며 의를 숭상하고 유순한 편이면서 남을 원망하지 않고 겸손해 할줄아는 사람이다. 본인이 고집이 있어서 간혹 남의 말을듣지 않는 경향이 있으나 이내 풀어지고 모든 것이 순리되로 잘 되리라.

2) 부모덕은 있으나 형제간의 의협심이 충돌하여 흩어져서 살게되며 운수는 갈수록 점차 늘어날 것이다.

3) 부부는 금술이 좋고 복록과 재물이 함께하여 넉넉하고 태평하게 지내리라. 일생을 영화롭게 살겠으나 욕심은 버려라. 만일 그렇지 않으면 크게 망신을 당하여 큰 패망을 맛보리라.

4) 자식궁은 오형제를 두는 팔자요. 앞으로 공업 방면에 크

게 발전하며 부모에게 효도하여 일찍이 관록을 먹을 것이며 일생 좋으나 중년에 병액이 따르니 몸을 조심하여야 할 것이다.

5) 삼재는 사오미년〈巳午未〉이 된다.

13. 병자년생〈丙子生〉

1) 병자년생은 성격이 조급하고 경솔하여 매사에 급하게 대드는 편이다. 조그마한 일에는 까다롭고 인색하고 큰 일에는 결단성이 있고 과감하여 진다. 판단력이 있어서 좋으나 남을 믿지 않는게 흠이다.

2) 부모의 세업은 없다. 자수성가 해야하며 중년까지는 고생이 조금 따른다. 45세이후부터는 의식이 넉넉하고 풍부하여 좋은 일을 많이 하게 된다. 고향보다 타향에서 좋으며 관운이 있어서 늦게나마 큰 관직에 오른다.

3) 부부는 도화살이 들어오니 풍파를 조심하고 미리 예방하라. 아들복이 있어서 모두 관록이 따른다.

4) 학문을 일찍 했으면 좋으련만 후회는 하지 말라 자식이 크게 되리라. 본인의 성질을 가다듬고 일정히 하여라.

5) 앞으로 삼재는 인묘진〈寅卯辰〉이 된다.

14. 정축년생〈丁丑生〉

1) 정축년에 출생한 사람은 성격이 유순한 반면 정직하고 참을성이 있으나 고집이 세다. 인정이 많으나 입 또한 무거워서 만인의 도움을 얻도다.

2) 운세는 태평하게 보이지만 내부로는 근심이 가득하다. 손재가 많으며 항상 분주하고 자기를 못살게 구는이가 많으리라.

3) 부모의 덕은 없으니 타향으로 가서 자수성가 할 것이다. 부부는 이성문제로 색정에 곤란을 초래하여 어려움을 당하기 쉬우므로 조심을 기한다.

4) 자식은 3형제를 둘것이오. 몸이 약하므로 부모와 인연도

박하다. 말년에는 자식도 모두 귀히 되리라.

5) 삼재는 해자축년〈亥子丑〉이 된다.

15. 무인년생〈戊寅生〉

1) 무인년에 출생한 자는 성품이 불같이 급하고 쉽게 풀어진다. 말하자면 유순하고 정직한 면이 있어서 정의를 숭상하고 겸손해한다.

2) 운세는 관록이 있으며 또한 남에게 굽히기를 싫어하는 편이다. 큰 관직에 올라 권세를 누릴것이다. 초년은 평평하고 중년부터 점차 재물이 들어와 쓰고 남음이 있다.

3) 말년은 모두가 부러워하며 만인이 우러러 본다. 집안은 좋은 가문이나 부모의 덕은 별로 없다. 부부는 신운이 나쁘다. 그러니 부부간에 싸움을 조심하라.

4) 자식은 아들, 딸 단둘이 낳아 크게 문공을 뛰고 훌륭히 될것이다. 앞으로 화목한 가정이 되리라.

5) 삼재는 언제나 신유술년〈申酉戌〉이다.

16. 기묘년생〈己卯生〉

1) 기묘년에 출생한 자는 온화하고 너그러우며 결단성이 적고 참을성이 부족한게 단점이다. 재주가 있고 지혜가 뛰어나 총명을 받으나 여색으로 인한 색정에 빠지므로 방탕한 운이니 조심을 하여 자신의 재주와 문창을 살려서 성공할 것이다. 다만 언제나 말성을 조심하라.

2) 운수는 좋으나 초년에 가정이 불화하고 풍파할 상이며 초년의 곤고를 탄식말라. 중년이후 크게 기반을 갖추게 되리니 사방에 재물은 모두 내것이 될 기로이다.

3) 부부궁은 해로하기 힘들것이나 부모궁도 정이 없으니 어떤 종교를 가지므로 좋을 것이다. 자식은 3형제를 둘 것이나 모두 사업가로 성공하리라.

4) 중년에 친구의 감언이설을 주의하고 항상 확실한 일로 정직을 규칙으로 하라 큰 성과가 있으리니 재물은 궁색함이 없도다.

5) 삼재는 사오미년 〈巳午未〉이다.

17. 경진년생 〈庚辰生〉

1) 경진년에 난 사람은 용모가 아름답다. 풍채가 헌앙하여 호걸다운 기풍이 있다. 유순하여 총명한 면으로 사람들의 신망을 받으나 생활의 기복은 심하다.

2) 운수는 대체로 좋으나 평탄하지만은 않다. 좋을때는 한없이 즐겁고 나쁠때는 잘 달래는 수단도 있다. 사업에 최선을 다하여도 뒷 생각을 안해서 큰 곤욕을 치르는 경향도 맛볼 것이다.

3) 부모의 덕이 없고 일생에 파란이 많을 것이다. 그러나 꼭 성공에 도달한다. 굳센면이 있어서 억지로 하는 경향이 있는데 그 마음가짐을 정돈해야 일생의 고민이 해소될 것이다.

4) 부부궁은 좋으나 자주 떨어져서 멀리 살게되는 운이다. 또한 자식은 두명의 귀자를 낳을 상이며 크게 득면하리라.

5) 삼재는 인묘진년 〈寅卯辰〉이다.

18. 신사년생 〈辛巳生〉

1) 신사년생은 성품이 고상하고 온후한 편이나 조심성이 많고 질투심이 강한 반면에 투기심도 많은게 특징이다. 동정심이 많아서 곧잘 인정을 쓰지만 상대가 거짓을 하면은 성질을 잘 낸다.

2) 부모궁은 없으나 수단이 능하고 민첩한 면이 있기에 남보기에는 부자처럼 보이지만 실상은 그렇지 아니하므로 고생이 심하다.

3) 부부궁은 이별수가 있으며 사 형제를 둘 것이다. 동방으로 돌아다녀도 별 탈없이 크게 성공하여 돌아오리라. 모함하는 일을 피하라. 곧 좋은 운이 열리며 재물도 늦게는 상당히 들어온다.

4) 운수는 평생에 고생과 떠돌아 다니다 중년 넘어서서는 크게 정착하여 발전할 상이니 꾸준한 노력으로 선심을 잘하고 화목

하게 살아야 한다.

5) 삼재는 해자축년 〈亥子丑〉이 된다.

19. 임오년생 〈壬午生〉

1) 임오년에 출생한 자는 성질이 급하나 너그럽다. 윗사람을 공경하나 성격이 너무 예민하여 사랑하는 아랫사람들이 존경하여 주면서 편잔을 자주 받는다. 고집을 부리지 말라. 너무 강하면 부러지는 법이니 군자다운 뜻도 좋지만 구부릴줄 알아야 한다.

2) 부모궁은 세업이 없으며 정도 없다. 다만 부모에게서 언변을 배웠으니 말재주로 한평생을 순조롭게 궁색함이 없이 살 것이다.

3) 부부궁은 이별수가 있으나 초년에 그러니 신혼의 기분으로 잘 넘어갈 것이다 한 동안 고생이 있으나 이내 행복한 정이 되리라.

4) 자식은 삼·사형제요 크게는 장관이요. 적게는 사회의 신망을 받으며 교사직에 있을 것이다.

5) 삼재는 신유술년 〈申酉戌〉이다.

20. 계미년생 〈癸未生〉

1) 계미년에 출생한 자는 유순하고 급하며 강직하다. 남에게 잘 대하나 격박할 때가 있다. 용감하고 명예를 존중하지만 참을성이 있기에 잘 못을 곧 고치는 생각이 원대하여 남이 잘 도와주는 편이다. 너무나 굳센 고집과 끊기가 심하게 세다.

2) 부모의 세업은 없다. 고향과는 인연이 없어서 멀리 떠난다. 물론 사방으로 분주하게 돌아 다녀야 재물을 모으리라. 또한 남을 너무 믿지마라.

3) 부부운수는 배필을 만나서 가족들을 잘 돌봐주며 크게 어려움 없이도 자녀교육을 잘 지도하며 남편을 잘 보살피는 여인상을 꼭 만나게 되리니 걱정할것 없다.

4) 자식은 많은 편이다. 모두가 초년에는 병고로 고생을 많이 하리니 자식에 신경을 많이 쓰도록 하라.

5) 삼재는 사오미년〈巳午未〉이 된다.

21. 갑신년생〈甲申生〉

1) 성품은 쾌활하고 민첩하며 정직하다. 또한 용감 무쌍하나격동을 이기지 못하고 금시 노했다가 금새 풀어지며 도량이 좁아서 남을 잘 이해 못하는 편이다.

2) 부모덕은 없으며 일찍 여의는 상이며 정이 없으며 혹은 양자로 갈 팔자로되 병액을 지니고 있으니 몸이 무척 쇠약해져 있다.

3) 부부는 초년에 고생은 없으나 중년이후 큰 아픔을 당할수 있으니 몸의 건강을 생각하라. 만일 적선을 많이하면 귀인의 도움으로 큰 재물을 얻어 일평생 편히 살 수 있으리라.

4) 자식은 사형제를 두게 될 것이요. 만일 남의 일을 많이 도와 줬으면 그 덕으로 자식 모두는 큰 관록을 관활할 것이니 남의 의견도 무시마라.

5) 삼재는 인묘진〈寅卯辰〉이다.

22. 을유년생〈乙酉生〉

1) 을유년에 출생한 자는 온순하고 활발하다. 일 처리가 깔끔하고 사람을 잘 대해주므로 사물에 대한 관찰력이 깊고 계획이 치밀하다. 작은 공을 세워놓고 큰 것을 바라다가 자신의 신세를 버리는 격이다. 명예를 중히 여기면 의리 때문에 친구의 도움으로 큰 벼슬을 얻을 것이다.

2) 부모덕은 있으나 오래도록 지키지 못하고 자신이 잘못 저지른 일 때문에 빈손으로 남는다.

3) 부부는 운이 좋으나 너무 많이 바라는 마음을 버려라. 작은 공은 작은 댓가가 딸아야 이득이다. 그러나 작은것을 주고 큰것을

받으면은 곤액이 있으리 피하라. 조심이 제일이다.

4) 자식궁은 삼형제를 두게 되리, 형제간에 웃음이 있을 것이다. 또한 큰 아이의 운이 좋아져 초년에 공명을 떨칠것이다.

5) 삼재는 해자축년 〈亥子丑〉이다.

23. 병술년생 〈丙戌生〉

1) 병술년에 출생한 자는 성품이 솔직하나 불같고, 비위에 거슬리는 행동이나 거짓은 참지 못하는 성격이다. 의리와 명예를 존중하나 너무 급한것이 탈이다. 도량이 좁고 박정할 때가 많은편이다. 특히 색정에 빠지기 쉬우므로 조심하길 빈다.

2) 부모덕은 동기간이 많아서 본인이 행복을 활인당한 입장에 놓였으며 부의 유산은 탕진하고 없다.

3) 부부는 금슬이 불화가 침범하니 조심하여야 한다. 고향과는 인연이 없으니 타향에 나아가서 장사를 하면 크게 성공하여 사회에 인망을 받고 생활의 행복과 영화를 누릴것이다.

4) 자식궁은 형제자매를 둘것이오 모두 관록이 있어서 일찍 관직에 오르나 초년에 너무 게을리하면 그 공덕은 없어지리라.

5) 삼재는 신유술년 〈申酉戌〉이 된다.

24. 정해년생 〈丁亥生〉

1) 정해년에 난 자는 순하고 착하며 풍채가 아름다운 반면에 장부다운 기상이 있다. 때로는 성급하나 고집도 있으며 후할때는 한없이 인정이 많은 편이다. 신의를 지키는 군자다운 풍모가 있다.

2) 부모덕은 출생과 동시에 흩어지고 본인은 고향을 떠나 외가나 친척집에서 초년을 보내게 되리니 어려움이 많을 것이다.

3) 부부궁은 좋은 편이며 본인이 초년에 신병으로 한 때 고생을 하였더라도 중년이 지나면은 부귀다 영화를 누릴 것이다. 만일 의리를 중히 여겼다면 선배의 도움으로 큰 사업을 성취할 것이다.

4) 자식궁은 한 자녀요. 앞으로 고생문은 없으나 초년에 학문을 많이

익히므로 크게 부광하리라.

　5) 삼재는 사오미년 〈巳午未〉이다.

25. 무자년생 〈戊子生〉

　1) 무자년에 출생한 사람은 성품이 인자하고 발랄하며 고상한 취미가 있다. 마른 장작처럼 인색하다가도 어쩔때는 너무 후한 나머지 인심에 대한 괴벽이 인다. 때에 따라서 시비를 잘 가리므로 큰 일을 당해도 놀라지 않고 잘 처리해 나간다. 남을 잘 믿지 않다가 실패를 종종 본다.

　2) 부모를 일찍 여의고 타향에서 크게 부귀할 운수다. 세업은 비록 있더라도 그 세업은 없는것과 마찬가지이다. 초년은 학문을 닦아야 되나 그러지 못하고 중년에 초년고생을 면하리라.

　3) 부부금술은 좋다. 자식은 5형제를 두는 수요, 다만 자식이 부모와 이별할수도 있으니 각별히 조심을 기한다.

　4) 여자는 관액이 많고 자주 몸이 아프다. 질병을 면하기 위해서 몸에 신경을 쓰라.

　5) 삼재수는 인묘진년 〈寅卯辰〉이 된다.

26. 기축생년 〈己丑生〉

　1) 기축생은 성품이 정직한 반면에 유순하고 재주 또한 많다. 내성적이며 남에게 굽히기 싫어하고 한번 틀어지면 잘 풀리지 않는다. 그 고집 때문에 실패하는 수가 많다.

　2) 운세는 평평하나 남, 녀를 막론하고 곤액이 많다. 하는일이 중도에서 잘 막히는 수가 있으니 조심성 있게 진행하라. 그러면 말년에 부귀영화를 누릴 것이다.

　3) 부모덕이 없으니 객지에서 부지런히 노력하여 그 덕에 크게 되리라. 부부는 이별수가 있으니 조심하여야 한다.

　4) 자식은 수가 적으나 훌륭한 자식이 나온다. 또한 말년은 부귀영화롭게 살리라.

5) 삼재는 해자축년 〈亥子丑〉이 된다.

27. 경인년생 〈庚寅生〉

1) 경인생은 남녀를 막론하고 급하게 구는 성질이다. 활발하고
강강하며 남에게 지기를 싫어한다. 인정이 많아서 남의 곤경을 잘
도와주므로 이로 인한 본인의 손해가 막심하다.

2) 운세는 체구처럼 늠름하여 관록을 먹을 것이요. 골격 또한
풍채처럼 당당하여 큰 재물을 모으리라.

3) 운수가 태평하니 이를 도와주는 귀인성이 들어오니 봉황이
노니는것 처럼 호화롭게 일생을 지낼 것이다.

4) 부부궁은 외부모를 섬기는 운수이며 아니하면 두 어머니를
섬길 상이다. 언제나 두목처럼 우두머리 노릇을 하며 사람을 많
이 다룰 것이다.

5) 삼재는 신유술년 〈申酉戌〉이 된다.

28. 신묘년생 〈辛卯生〉

1) 신묘년에 난 사람은 급하나 쉽게 풀리며 때로는 강하고 때
로는 부드럽다. 인내와 결단이 부족하여 남을 믿지 않는게 좀 어
색한 편이다. 그러나 돌 다리도 두드려보고 건너는 조심성이 있
어서 좋다.

2) 부모의 세업은 전혀 없으니 빈손으로 재물을 모아야 한다.
적극성이 부족한게 단점이나 좋은 기회를 많이 만나므로 뱃장만부
리면 큰 재물과 승진의 기회를 함께 얻으리라.

3) 부부궁은 남녀를 막론하고 늦게 결혼하라. 잘못하면 고진살
과숙살이 끼어서 독수공방할 운이니 늦게 결혼하라.

4) 자식은 본인이 선심공덕을 많이 했으므로 자식들이 크게 관
물을 먹을 것이며 의복이 넉넉하리라.

5) 삼재는 사오미년 〈巳午未〉이 된다.

29. 임진년생 〈壬辰生〉

1) 이때 출생한 자는 용모가 출출하고 호걸다운 기색이 만인에게 보이며 마음은 넓은 바다와 같아서 자기의 두뇌가 명석하므로 군자다운 인격이 있다.

2) 부모궁은 덕이 없으나 형제가 멀리 있어도 도움을 준다. 다만 사업에 열의를 다하여 뛰어드나 너무 왕강한 고집으로 착수하려다 실패하는 수가 종종있다.

3) 초년은 고생이요 중년이 지나면은 족족하다. 다만 좋을때는 운수가 한없이 평탄하다. 그러나 고집때문에 나쁠때는 한없이 나쁜 경향과 곤욕을 치른다.

4) 부부궁은 좋으나 이사를 자주 하게 된다. 자식은 형제자매를 두나 한자식이 등과하여 큰 벼슬에 오르리라.

5) 삼재는 인묘진년 〈寅卯辰〉이 된다.

30. 계사년생 〈癸巳生〉

1) 계사생은 강직하고 참을성이 있으며 자기의 잘못을 반성할 줄 알고 사교수단이 능한 반면에 지혜와 용맹을 겸비하였으니 명예를 얻으며 웃사람을 존중할줄 아나 고집이 세어서 이로인한 손해가 많은게 흠이다.

2) 부모의 유산이 많으며 자신도 부모덕을 많이 본다. 잘못하여 감언이설에 속아서 여인을 잘못 사귀므로 파란이 올 가망이 많으니 여색을 조심하고 사치를 부리지 말라.

3) 부부궁은 자주 싸우나 그게 큰 싸움은 없으며 사랑이 두터우리라. 자식또한 3형제나 딸이 큰 공명성을 밝히리라.

4) 운수는 태평하나 친구를 조심하고 사람들을 잘 판단하여 사업을 추진하는게 좋을 것이다.

5) 삼재는 해자축년 〈亥子丑〉이다

31. 갑오년생 〈甲午生〉

1) 갑오생은 용감하고 헌출하고 용모가 단정하며 정직하나 사물에 격동하기 쉬우니 친구를 조심하고 입조심을 하여라. 너무 잘드러내는 성질이 있으니 감출줄 알아야 한다.

2) 부모궁은 세업이 있으나 실패하며 본인에겐 아무것도 돌아오지 않는다. 또한 형제와도 인연이 박하여 번거로움이 많으리라. 고독할 것이니 한탄말고 열심히 노력해야 할 것이다.

3) 부부궁은 두 여자를 거느릴 것이다. 다만 남을 위해 많이 선심을 쓰라. 그리하면 복록이 따를 것이다. 항상 마음을 바르게 살지않으면 살림에 어려움이 있을 것이다.

4) 자식은 없을수도 있다. 그러나 두번째 부인이 득남하리라. 1남 1녀의 형제를 두라 한 자식이 죽지 않으면 위험한 병에 들기 쉽다.

5) 삼재는 신유술년 〈申酉戌〉이 된다.

32. 을미년생 〈乙未生〉

1) 을미년생은 급한 편이나 온순면이 있어서 봉사적이다. 겉보기에는 약하고 유약한것 같으나 마음속에는 남모를 배포가 숨겨져 있기에 항시 우울하며 근심걱정이 싸여 있으며 나자신을 구하고져 하라 남의 호의를 받지 않는다.

2) 부모궁은 세업의 뒤를 이어받으라. 곧 무너질 것이다. 어떻게 하든지 빈손으로 자수성가 할 판이다. 앞으로 남의 업을 하는 것은 실패수니 자기의 일을 크게 확장할 생각을 하라.

3) 부부는 항상 행복하라. 궁색함이 있으니 좀 어려운 형편이나 40세이후는 크게 발전하리라.

4) 자식은 뒤늦게 영광처럼 늦게 낳을 것이다. 그러나 귀자를 낳을 것이니 만물에 소생하는 일처럼 크게 발휘하여 큰 공덕을 쌓을 것이다.

5) 삼재는 사오미년 〈巳午未〉이다.

33. 병신년생 〈丙申生〉

1) 성품은 쾌활하고 욕심이 많다. 선량한 면이 있으면서도 인색하다. 지혜가 있어서 교제가 넓은데도 도량이 좁아서 사소한 일에도 성질을 잘 부리며 남의 잘못을 용납못하는 게 흠이다.

2) 부모의 덕은 있으나 유산을 받아도 파산하기 쉽다. 의식의 걱정은 없으나 결단성이 부족하여 크게 낭패한다.

3) 부부 금슬은 좋으나 늦게 결혼해야 한다. 만일 초년에 병고 없었다면 큰 액이 따르니 친구나 동료의 감언이설에 속지말라. 무슨일이건 웃사람과 의논하면 큰 도움이 따를 것이다.

4) 자식궁은 2남1녀로 두게되나 한 자녀는 초년에 큰 관직에 오를 것이다. 다만 신병이 염려스러우니 몸을 각별히 조심하여라.

5) 삼재는 인묘진년 〈寅卯辰〉이 된다.

34. 정유년생 〈丁酉生〉

1) 정유생은 활발하고 원만하며 대인접대에 능한 사람이다. 재주가 능하고 행동에 대한 처사가 주밀한 편이나 주색을 좋아하고 슬때없는 재주를 부리려다 도리어 패배하는 일이 많다.

2) 부모의 세업은 있으나 고향을 떠나서 살 팔자요. 의식은 풍족하며 몸에 어릴적 상처가 크게 남아 있을 것이오 또한 크게 병액이 침범하여 고생을 초년에 했으리라.

3) 부부궁은 이별수가 있으니 건강에 주의하라. 앞으로 명예와 의를 중히 여기고 선행하면 길한 공로에 오를 것이다. 일어날 때는 범처럼 덤비고 성급히 뛰는 격이나 끝은 그다지 좋은 편이 아니다.

4) 자식궁은 부와 명예를 타고날 것이오 또한 총명하고 영특하여 부모에게 효도가 극진하리오만 외 아들을 두는 격이니 잘키우도록 하라.

5) 삼재는 해자축년 〈亥子丑〉이다.

35. 무술년생 〈戊戌生〉

1) 무술년에 난 사람은 성질이 불같고 급하며 결백하여 정직하나 쾌활하며, 거짓을 싫어한다. 남에게 지지 않으려는 강한 면이 있으며 한편으로는 도량이 넓지 못하여 이해심이 부족한 편이다.

2) 부모덕은 바랄것이 없으며 고생이 되더라도 노력하여 자수성가 해야하며 타향에서 살게되며 일생동안에 의식은 넉넉하리라.

3) 부부는 이별수요 아니면 생이별수요. 그간에 고생이 많으나 앞으로 주색을 멀리하지 않으면은 큰 곤액에 한번은 크게 낭패하리니 각별히 조심하여 자신의 일은 자신이 알아서 처리하라.

4) 자식은 삼형제요 큰애가 공명성을 뛰게 되리라. 일찍부터 학문에 열중하도록 하여라.

5) 삼재는 신유술년 〈申酉戌〉이다.

36. 기해년생 〈己亥生〉

1) 기해생은 재주가 많고 영리하여 총명한 반면에 무엇을 발명하는 재주가 능하므로 의협심이 많다. 성품은 급하고 불순불효하는 마음은 없지 않아 있다. 인자해 보이나 사소한 일에도 간섭하여 질투를 하고 시비 언쟁으로 미움을 받는수가 적지않다.

2) 부모덕이 없다. 일찍 부모를 여의거나 열살을 넘기지 못하고 남의 부모를 자기 부모처럼 모실 팔자다.

3) 부부는 초년에 사고가 많을 것이며 해로하기 힘들 것이다. 아니면 부부싸움이 많을 것이며 중년이후에야 크게 발돋움하느니 의식은 넉넉하리라.

4) 자식은 삼형제를 두는 수요. 그중 막내의 학문이 크게 발휘하여 널리 사방에 신망을 받으며 총명한 두뇌로 큰 관직에 오르리라.

5) 삼재는 사오미년 〈巳午未〉이 된다.

37. 경자년생 〈庚子生〉

1) 경자생은 성질이 곱고 순진하다. 반면에 활달하여 고상한 포부를 지녔으나 마음이 약간 좁고 너무 유약한 것이 결점이다. 후할때는 한 없이 후하고 인색할때는 한없이 인색한게 흠이다.

2) 부모의 가업은 있다. 그러나 부모곁을 떠나서 사는게 도리어 좋은 결과를 가져다 준다. 초년은 고생이 있으나 중년이후 여유 있게 살 것이다.

3) 부부간에 싸움이 많은 편이어서 풍파수가 드니 조심하라. 잘못하면 남자는 홀아비 될 수 있으며, 여자는 화류계로 빠지기 쉽다.

4) 자식은 4형제를 두는 수며 남에게 총명받으리라. 또한 장수와 행복을 누리리라.

5) 삼재는 인묘진년 〈寅卯辰〉이 된다.

38. 신축년생 〈辛丑生〉

1) 신축년에 출생한 자는 성품이 인자하고 참을성이 있으나 한 번 성을 부리면 잘 풀어지지 아니한다. 끈기가 있어서 실패는 없는 수다. 의혹심이 많아서 우울한 세월을 많이 보내리라.

2) 운세는 초운에 너무 고생이 많으나 차츰 운이 열리게 되리라. 항상 일을 방해하는 자가 있으니 손재을 주의하라.

3) 부부궁은 맨손으로 일어나 노력하여 마침내 큰 재물이 들어온다. 그러나 방탄말고 꾸준히 노력하여 큰 관록도 따른다.

4) 자식은 슬하에 3·4형제가 있게되며 앞으로 귀인의 도움을 받아 크게 사회에 이름을 떨치리라.

5) 삼재는 해자축년 〈亥子丑〉이 된다.

39. 임인년생 〈壬寅生〉

1) 임인년에 태어난 사람은 성급하고 총명하며 활발하고 강건

하다. 두뇌는 명석하나 배짱이 세고 몸짓도 출중하여 다급한 면이
있다. 조금 사소한 일에도 지기를 싫어하는바 실수를 하는 수도
있다.

2) 운세는 좋은 편이다. 자비심이 있어서 뜻이 깊고 윗사람을
공경하므로 아랫사람을 사랑하니 군자다운 기풍에 남이 잘 도와준
다.

3) 부모덕은 없으나 양자로 가면 좋은 팔자로 될 것이다.
부부는 금슬이 좋아서 가정에 행복이 쌓이리라. 날로 가정이 발전
할 상이다.

4) 자식은 많이 두는 운이나 4.5세운에 액이 들어오니 몸조
심을 각별히 하라. 본인이 손해를 알면서도 남을 도왔으니 그 덕
망이 자식에게 발전을 비치로다.

5) 삼재는 신유술년〈申酉戌〉이 된다.

40. 계묘년생〈癸卯生〉

1) 계묘년 출생자는 성품이 유순하고 사고력이 풍부하며 인내심
있어서 참을성이 있지만 급할때는 물불을 가리지 않지만 곧 풀어
지는 성질이다. 반성하고 고치는 슬기가 있으므로 잘못을 깨달으
면 이를 시정한다.

2) 운세는 남에게 신망을 얻는다. 지혜는 밝으나 자기의 뜻에
걸맞지 않으면은 고집을 굽히질 않는다. 비록 몸을 버리는 일이
있어도 꼼짝을 하지 않는다.

3) 부모궁은 세업이 없으므로 멀리 떠나 살게 되리라. 형제는
정이 있으나 먼곳에서 살게 되리라. 자신이 빈손으로 자수성가 할
팔자다.

4) 자식궁은 5형제를 두는 격이다. 또한 몸에 흉이 있으며 다
리와 심장을 조심하라.

5) 삼재는 사오미년〈巳午未〉이다.

41. 갑진년생 〈甲辰生〉

1) 갑진생은 용감하고 강직하며 깔깔하여 거칠게 느껴지나 대면하여 보면 부드럽고 당당하여 늠늠하고 또한 사고력이 풍부하여 아주 좋은 면이 많이 숨어있다.

2) 사업은 변화무궁하다 수단이 좋아서 잘 번영해 간다. 다만 부모덕으로 살 생각은 버려라. 세업이 적으니 누구에게 나누어 줄지 걱정이 많은 부모다.

3) 부부궁은 중년에만 조심하라. 몸이 상할 위험이 있다. 그러나 총명함이 있어서 즐겁게 지내리라. 인덕을 겸비해서 명성을 떨치리라. 단 부지런히 노력을 꾸준히 하여야 한다.

4) 자식궁은 아주 나쁘지는 않으나 한자식이 죽을 고비가 생길 우려니 몸을 조심하고 5세에 물과 화제를 조심 시켜라.

5) 삼재는 인묘진년 〈寅卯辰〉 이다.

42. 을사년생 〈乙巳生〉

1) 을사년에 출생한 자는 명랑하고 쾌활하므로 유순하다. 민첩하나 동정심이 많은게 탈이다. 또한 지혜가 있고 외교 수단이 능하므로 여색으로 곤란을 초래할 가능성이 있다. 사업에 성공은 하나 투기심과 질투심을 버려라.

2) 부모궁은 가업이 많으므로 도와주나 신상에 액이 있으니 큰 상처를 입을 것이다. 또한 고향을 떠나지 말고 부모곁에서 같이 살아야 크게 성공하리라.

3) 부부궁은 초혼에 실패할 운이며 재처가 한평생 해로하리라. 또한 성공운이 일찍 들으니 초년부터 학문을 많이 읽히도록 하여야 한다.

4) 자식은 3딸을 둘것이되 재처가 귀한 아들을 출산하리라. 모든 자식이 복록이 있으니 걱정없는 세상을 넉넉히 살것이니라.

5) 삼재는 해자축년 〈亥子丑〉 이 된다.

43. 병오년생 〈丙午生〉

1) 병오생은 용모가 단정하며 마음 또한 어질다. 또한 사치가 심한 편이어서 남에게 잘 편입되는게 단점이다. 이성교제에 능하므로 친절한것 같으면서도 속은 그렇지 않아서 박정할 때가 많다.

2) 부모궁은 너무 빈가 출생이라 남는게 없으며 아버지의 정도 없다. 일생 의복은 많으나 항상 분주할 날이 꺼지지를 않고 바쁘다.

3) 부부는 금슬이 좋으나 애로가 있을 것이니 다툼을 삼가하고 같은 호흡으로 대하면 이내 대창할 복록이다. 다만 싸움이 많으리 우애로써 사랑으로 행복하게 살아야 한다.

4) 자식은 남아가 한명이요, 여식이 3명이니 모두 의복이 있어서 넉넉히 먹고살며 편한 가정이 이룩되리라.

5) 삼재는 신유술년 〈申酉戌〉이다.

44. 정미년생 〈丁未生〉

1) 정미년에 출생한 자는 불같은 성격이 일어나데 곧 풀리며 순하고 착한 편이나 인정이 너무 많다. 신의가 있어서 정도를 잘 지키나 군다운면을 손상할때 많으니 남이 나의 말을 믿어주지 않는다.

2) 부모의 세업은 있으나 자신이 탕진한다. 항시 집을 떠나 사방으로 흩어져서 생활하게 된다.

3) 부부는 멀리 떨어졌다가 다시 만나는 것이니 잠시 또 자주 떨어져 있는 일이 많을 것이다. 그러나 중년이후 풍족한 것이 많으므로 부귀를 누리며 행복한 생활이 되리라.

4) 자식은 형제를 두게 되면서 둘다 귀엽게 자라나 초년에는 곤고를 치를 것이니 몸조심하고 항상 불조심을 시켜라.

5) 삼재는 사오미년 〈巳午未〉이 된다.

45. 무신년생 〈戊申生〉

1) 무신년에 난 사람은 겸손해하여 착하고 지혜롭다. 민첩하기에 승리의 분투심이 강하여 지기를 싫어한다. 마음먹은 일은 결국 실천하고 말아야 적성이 풀리나 재물에 대한 욕심이 너무 많은 게 흠이다.

2) 부모와 형제의 덕이 없으니 일신이 고독하나 복록이 따른다. 다만 자신의 일을 잘 처리 못하여 자수로써 실패수가 있으니 각별히 몸조심을 하여라.

3) 부루궁은 좋으나 바람끼가 있어서 중년에 한번쯤은 여색으로 곤액을 치르게 될 것이니 사치를 부리지말고 열심히 노력해야 한다. 본인의 실수가 크나큰 영향력을 가져오게 된다.

4) 자식은 사형제를 두게 되나 둘째 아이는 일찍 관직에 오르게 되나 거만하므로 각별히 몸 조심을 하고 심심을 잘 달래줘라.

5) 삼재는 인묘진년 〈寅卯辰〉이다.

46. 기유년생 〈己酉生〉

1) 기유년에 출생한 자는 다정하나 급하여 화를 잘 낸다. 또한 잘 풀리기도 하나 유순하며 재주가 있고 총명하다. 활발한 면도 있고 교제에 민첩하고 인간에 대접은 받으나 도량이 좁은 편이다.

2) 부모덕은 넉넉한 편이다. 초년은 병고로 고생하나 나중에 부모의 유산덕을 많이 본다. 또한 상사업에 일찍 손을 데어 차츰차츰 밝은 희망이 비치리라.

3) 부부궁은 첩을 거느릴 상이다. 아니면 재가할 상이요. 도량이 좁은 편이나 사소한 일에도 질투와 성질을 내거나 힘을 과시하므로 명예에 손해를 입을 상이다.

4) 자식궁은 사형제를 둘것이오. 허실과 사치를 많이 부릴것이니 각별히 하여 학문을 읽히도록 하여야 한다.

5) 삼재는 해자축년 〈亥子丑〉이 된다.

47. 경술년생 〈庚戌生〉

1) 성품은 단정하나 성격이 급하기가 불같고 곧 풀어지며 위인이 용감하고 정직하다. 의리와 명예를 중히 여기는 편이다. 남에게 굽히기를 싫어하나 여색을 즐기므로 크게 패배할 우려가 있다.

2) 부모의 덕은 바라지 말라. 본인이 예술방면에 일찍 출발하면은 큰 성공을 하게되나 그렇지 않으면 크게 실패하리라.

3) 부부궁은 초년은 고생이 심하나 중년에 생활이 활짝펴이고 가정에 영화를 누리게 되리라. 그러나 그때쯤에 본인은 상처할 운명이니 부인의 몸을 조심있게 보조하여 주라. 병액이 따르기 쉽다.

4) 자식은 1남 2녀로되 한 자식이 크게 상사업에 발전하여 집안에 재물이 넉넉히 채워지리라.

5) 삼재는 신유술년 〈申酉戌〉이 된다.

48. 신해년생 (辛亥生)

1) 신해년에 출생한 자는 급하고 욕심이 많으나 어질고 효성이 지극하다. 결단성이 좋고 빠르기는 하나 남의 의견을 듣지않는 성질이 있으며 의리가 좋고 의협심이 많으므로 크게 각광받고 자비심이 많아서 크게는 성공할 운이다.

2) 부모의 덕은 적은 편이며 초년에 크게 아픈 상처를 갖고 있으며 상반신에 큰 상처가 있을 것이다. 몸을 조심하지 않으면 안된다.

3) 부부궁은 아주 좋으며 초년 잉꼬부부로써 사랑을 받고 행복하게 살것이다. 하나 중년에는 병고의 침입으로 몸을 상하게 될 것이로다.

4) 자식궁은 두 자매로다. 밤길을 조심하지 않으면 초년에 건강이 위태로우니 각별히 주의하여라.

5) 삼재는 사오미년 〈巳午未〉이다.

49. 임자년생 〈壬子生〉

1) 임자년에 태어난 사람은 성품이 쾌활하고 인자하고 후하다. 또한 두뇌가 명석하고 영리해서 판단력이 능하고 매사의 일 처리를 과감하게 처리해 나가는 장점이 있다.

2) 부모의 은덕은 없다. 다만 남을 잘 도와주므로 자기일을 놓쳐버리는 경우가 많다.

3) 부부궁은 바람끼가 있어서 곤액이 따르고 부부가 생이별 하는 운이다. 항상 남방 사람이 불리하므로 매사에 조심을 기하라.

4) 자식은 많이 두고 모두 귀히되어 사방에서 명성을 얻을 것이다. 여자는 부부금슬에 근심이 찾아와 영화롭게 된다.

5) 삼재는 인묘진년 〈寅卯辰〉이 된다.

50. 계축년생 〈癸丑生〉

1) 계축년에 태어난 사람은 온화하고 인내심이 많다. 또한 강격한 면이 있어서 남에게 잘 굽히지 아니한다. 용기가 있으며, 자기가 행한 일을 반성하는 기색이 있으며 잘못을 깨달을 줄 아는 슬기가 있다. 불평을 잘 하는 버릇도 숨어있다.

2) 초년의 고생은 어쩔수 없는 일이오. 중년부터는 운이 열려서 부귀하여 소원이 이루워 지리라.

3) 신병이 많으므로 권세와 벼슬을 얻어도 오래가기 어렵다. 자신의 몸에 초년에 큰 상처가 남아 있을 것이다.

4) 부모덕은 없다. 형제의 정도 없다. 부모나 형제를 떠나 멀리서 살면은 크게 성공하리라. 결혼후 양처를 둘 팔자로다.

5) 삼재는 해자축년 〈亥子丑〉이 된다.

51. 갑인년생 〈甲寅生〉

1) 갑인생은 성격이 활발하고 강직하나 성질이 불같으니 남의 감언이설을 조심하고 사람을 잘 다루면 크게 공명을 얻으리라.

앞으로 발전이 거듭되어 장차 높은 자리에서 두목 노릇을 하게 될 팔자다.

2) 운수가 좋으나 관록과 재물이 모두 따르는 반면에 언변이 능하여 풍채다운 재질을 크게 돋보이게 되나 남의 어려움을 도우려다 크게 낭패할 운이 있다.

3) 부모유산은 지키기 어렵고 자신이 자수성가 할 팔자다. 또한 부부궁은 종종 싸움이 많을 것이다.

4) 자식궁은 3형제를 둘 팔자요. 크게는 대단한 인물이 배출되어 그 집안에 이름을 널리 날리리라.

5) 삼재는 신유술년 〈申酉戌〉이 된다.

52. 을묘년생 〈乙卯生〉

1) 을묘년생은 품위가 있고 온화하며 너그러운 면이 있고 인정이 많아 신의에 축복을 얻으리라. 애교가 있고 지모를 갖추었으나 인력이 부족한게 단점이며 사치와 여색을 좋아하므로 이로 인한 피해로 무슨 일이건 손만 대놓고 마무리를 하기 힘들다.

2) 부모궁은 조실부모할 운명이며 초년은 너무나 많은 고생을 한다하여도 이내 그것이 복록으로 돌아오리라.

3) 자수성가하여 차츰 차츰 재물이 늘고 점차로 성공운이 열리리니 노력하라 자신은 중년까지는 아주 분주한 세월을 보내리라 또한 평생 의식은 넉넉하여 한평생 노래하며 살고 영화를 누릴것이다.

4) 자식은 사형제를 둘 운이며 일찍 자식을 여의게 될 운명이니 차를 조심하고 불을 조심하여야 한다.

5) 삼재는 사오미년 〈巳午未〉이 된다.

53. 병진년생 〈丙辰生〉

1) 병진년에 난 사람은 성격이 너그럽고 온순하며 혹은 거만하고 완고한 편이다. 용모가 당당하여 호걸운명이 엿보이나 때로는

너무 급한 면이 있어서 뒷일을 모르고 일을 처리해 난처한 입장에 놓여 당혹하게 곤란을 초래할 때가 많은 편이다.

2) 부모궁에 있어서 그 덕으로 한 때는 크게 공명성을 뛰나 날로 번창한 가운데 친척의 칙근으로 곧 탕진하는 일이 많으리라.

3) 부부궁은 좋은 편이다. 다만 화목한가하면 싸우고 즐겁다 하면 곧 실수를 연발해서 슬픈일이 생겨서 또 다투는 일이 자주인다.

4) 자식은 3형제를 둘수있으나 모두 사회적 교사직이 되리라. 앞으로 운이 나쁠때는 한없이 나쁘니 조심을 기하고 자식 모두 소년시절에 등과 급제하리라.

5) 삼재는 인묘진년〈寅卯辰〉이다.

54. 정사년생〈丁巳生〉

1) 정사년에 난 사람은 성품이 착하며 장부다운 기풍이 있다. 또한 인정이 많고 유순한 면도 있지만 의리를 중히여기는 성질이다. 민첩하게 외교수단을 써서 능히 성공의 기반을 잘 닦으리라.

2) 부모궁은 있으나 초년에 없어졌으니 실로 안타까운 일이다. 그러나 남이 싫어하는 일은 절대로 하지 않으므로 꼭 성공하나 남의 덕을 많이 본다.

3) 부부궁은 좋으나 말썽이 많이 발생하고 중년이후에야 안심하게 안락을 누리며 영화롭게 살 것이다.

4) 자식은 사형제요 딸이 출가후 크게 공명을 얻는 상이니 이야말로 계천에서 용이 솟아나는 것과 같으니라. 자식은 질병없이 무사히 다 잘자라나는 나무와 같으니 가족이 화목하리라.

5) 삼재는 해자축년〈亥子丑〉이다.

55. 무오년생〈戊午生〉

1) 이 사람은 준엄한 용모에 마음이 맑고 뜻이 높으므로 하늘에 치솟는 용과 같으니 성질이 강하여 남에게 굽히기를 싫어하는

편이다. 겸손할 줄 알고 매사를 잘 판단하여 잘 처한다.

2) 부모궁이 없으니 고향에서 못 살고 타향으로 떠나서 살게되나 여색의 교제가 너무 능하여 활발한 가운데 실패수가 있을 것이다.

3) 부부는 금이가는것 처럼 허전할 날을 많이 보내며 쾌활한 반면에 심리적으로 불안이 들어있으니 사업에 신중을 기하기 바란다.

4) 자식은 사형제를 둘 것이오 처자식이 병고로 위태로울 것이니 몸을 조심하여라 그렇지 않으면 몸에 위험이 따를 것이다.

5) 삼재는 신유술년 〈申酉戌〉이 된다.

56. 기미년생 〈己未生〉

1) 기미생은 성격이 타오르는 불같으나 풀잎의 이슬같이 부드럽게 풀리며 지혜와 재주가 있어서 어려움을 당할지라도 마음을 흔들리지 않으므로 그 뜻이 능히 이루어지리라.

2) 부모덕은 많으나 돌아올 유산은 없다. 사방에 분주하여 실패수가 있으니 조심하라. 특히 친구와는 인연이 없다.

3) 부부는 이별수다. 초년에 고난이 일것이며 그후에는 끊기있는 집념으로 크게 성공할 것이다. 또한 만인의 부러움을 사게 될 것이다.

4) 자식은 삼형제를 두게되나 한자식이 위험을 당할것이다. 또한 물조심을 하지 않으면 크게 위험을 물리칠수는 없으니 각별히 조심을 기한다.

5) 삼재는 사오미년 〈巳午未〉이다.

57. 경신년생 〈庚申生〉

1) 경신생은 소극적인 면이 있으며 욕심이 많으나 베풀때는 잘 베푸나 인색할때는 아주 인색하여 사람들의 사랑을 받으면서도 때로는 핀잔을 많이 듣는다.

2) 부모덕은 없으나 형제 덕도 없으니 동기간이 사방에 흩어져서 살게 된다. 의식이 많으니 형제들이 부러워 하는 것이다.

3) 부부는 독수공방하는 운이 많다. 너무나 남을 도우므로 자신들은 재물이 많이 흐르게 된다. 또한 중년을 넘어야 안정한 복음자리을 찾을 것이다.

4) 자식궁은 형제를 두게 된다. 큰 아이가 출가하면 외국을 가는 행운이요. 작은 아이가 중년이 되면 국가의 큰 인물이 되리니 집안의 웃과 행복이 영화롭다.

5) 삼재는 인묘진년 〈寅卯辰〉이다.

58. 신유년생 〈辛酉生〉

1) 신유년에 난 사람은 유순하고 덕망이 있다. 후하고 다정하나 너무 급하므로 승벽심이 많고 무슨 일이건 잘 처리하는 사리가 밝다.

2) 부모덕은 많을지라도 실패가 많으며 고생이 심하다. 시작은 후하고 끝은 흐지부지 하므로 결말은 흩어지는 물과 같다.

3) 부부는 금슬이 부족하여 바람을 피울 수 있으니 심신을 달래라 또한 헛된일을 하다가 자기 몸을 그르치는 수도 많다. 명예를 중히 여기면 길한 운명이다.

4) 자식궁은 오형제가 극사할 우려가 있으니 교통사고를 방지하라. 특히 혼자 밖에 나가면 위험하리라.

5) 삼재는 해자축년 〈亥子丑〉이다.

59. 임술년생 〈壬戌生〉

1) 임술년에 난 사람은 풍채가 있으며 당당하고 늠름한 체구가 바다같이 넓고 성질은 급하며 용감하지만 자기의 정직과 용감성에 비하여 아량이 좁은 편이다. 자비심이 있고 뜻이 깊으며 두뇌가 총명하다.

2) 부모덕은 있으나 조금밖에 없다. 형제간에 우애가 없으며 고

향이 불리하니 타향으로 떠나야 한다.

3) 부부궁은 좋으나 초년에는 남에게 좋은일을 많이 하고사는 팔자요. 또한 선심공덕이 너무 많으므로 손실이 크다. 또한 자기의 도량이 좁아서 사소한 일에도 성을 내며 덤벼드는데 조심 하지 않으면은 안된다.

4) 자식은 사형제요. 초년은 조객살이 들었으니 자동차 사고를 조심하라.

5) 삼재는 신유술년 〈申酉戌〉 이다.

60. 계해년생 〈癸亥生〉

1) 계해년생은 성품이 급하나 용맹한 면이 있다. 욕심이 많은게 흠이나 강직하여 남에게 굽히지 않으나 자기의 잘못을 깨달으면 즉시 시정하는 면이 있기에 손해를 보면서 자기의 힘을 다해 도와준다. 소년에 크게 될 위인의 기질이 숨어있다.

2) 부모덕은 적지만 조금은 유산을 물려 받으리라. 다만 형제간에 우애가 없으니 서로 상부상조하는 미덕이 없다.

3) 부부는 금슬이 좋은 편이나 초년에 몸에 신병으로 크게 고생을 하리라. 하지만 중년이후에 발전을 거듭하여 공업방면에 크게 발전하리라. 본인의 성공으로 사방에 명예를 떨치리라.

4) 자식은 두형제요 앞으로 살아 가는데 큰 어려움은 없을 것이다. 다만 모두 학문을 게을리하지 않으면은 크게 공명을 띌것이다.

5) 삼재는 사오미년 〈巳午未〉 이다.

제 2 절   생일달로 보는 운세

① 정월생 운세

ㄱ. 정월에 출생한 자는 환경과는 반대로 천재〈天財〉성이 들어 있으니 귀인의 도움이 많음은 물론이다.

ㄴ. 이달에 출생자는 아침에 뜨는 밝은 태양처럼 솟구치고 오뚜기처럼 일어난다.

ㄷ. 다만 분수외 바라는 것이 많으며 조심성이 없이 지나쳐서 생각한 일이 마음과 같지 못할때가 많다.

ㄹ. 친절하고 예절바르다 또한 남을 잘 돕는 우애는 있으므로 친우나 웃 사람의 신망을 얻는다.

ㅁ. 동서남북의 사방에서 일이 소원성취대로 이루워지고 부귀영화를 누리며 태평하다.

ㅂ. 일생의 고난은 크게 없으나 해마다 5月과 7月은 조심을 기한다.

② 2월생 운세

ㄱ. 2월생은 운수에 있어서는 대체로 평탄하나 뜻대로 되는 일은 의외로 적은 편이다.

ㄴ. 또한 인간의 상상외의 일도 성취하는 소유력과 개발능력이 있어서 생각치 못한 일로 하여금 만인을 놀라게도 하며, 무에서 유를 창조하듯이 발전성 있는 일을 성공시킨다.

ㄷ. 일찌기 고향과는 인연이 없으며 부모와 인연도 박하다. 다만 여인과는 대체로 교제가 능하고 화합을 잘 이룬다.

ㄹ. 성질 또한 외유내강 하는 편이다. 겉은 좋은체   하지만 속은 그렇지 못한 점도 있다.

ㅁ. 성격이 너무 정밀해서 소망을 성취하나 의외로   실패도 적지는 않는 편이다.

ㅂ. 재산복은 있어서 중년부터는 차차 좋아져서 큰 재물을 보으리라.

③ 3월생 운세

ㄱ. 이달에 태어난 자는 초목이 해맑은 봄을 만나니 잃은봄에 싹을 발하는 것 같이 악운은 다가고 새로운 걸신과 함께 밝은운이 돌아오는 것이다.

ㄴ. 성품은 곱고 우애로우며 윗사람의 신임을 얻어서 입신하는 격이다.

ㄷ. 본인의 성공으로 부친의 이름석자도 크게 날리리라. 그러나 또한 조금의 우연과 실수로 사치함에 몰두하기 쉽다. 만일 조심을 기하지 않으면 크게 낭패하리라.

ㄹ. 좀 소심할 정도로 검소하면은 크게 발전할 상이다.

ㅁ. 항상 6月생 친우나 동료에게는 말 조심하라.

④ 4월생 운세

ㄱ. 4월 생은 항상 여인이 붙어 다닌다. 고로 매사에 교제를 조심하지 않으면 안된다.

ㄴ. 마음이 약하여 크게 성공하기는 어려우나 여색을 주의하면 크게 성과 있으리다.

ㄷ. 만일 지름길을 택하거나 꾀를 쓰면 도리어 자기꾀에 넘어간다. 일확천금의 허탈한 꿈은 버려야 한다.

ㄹ. 언제나 분수외에 것은 탐내지 말고 매사를 조심껏행하면 큰 이득이 있으리요.

ㅁ. 해마다 10월 나무와 산을 조심하여야 한다.

⑤ 5월생 운세

ㄱ. 5월생은 허무맹랑한 짓으로 대사를 그르치는 일이 많으므로 매사에 속을 비우지 말고 진실성 있게 행하라.

ㄴ. 일생에 크게 성공할 때가 있으나 언제나 친구를 조심하여야 된다.

ㄷ. 성품이 온화하여 자선심이 있기에 귀히되어 윗사람의 도움으로 큰 관직에 오를 것이다.

ㄹ. 노력하여 결실맺고 문창으로 다시 이름을 날리리라. 명성을 떨치고 남을 위해 살고 있으므로 공명이 사회에 빛나리라.

ㅁ. 의의가 있어서 남 밑에는 있지않고 자신이 남을 돌본다. 해년은 항상 4월에 불조심하여야 한다.

⑥ 6월생 운세

ㄱ. 6월생은 심성이 영특하고 천재성이 있어서 만사가 순조로우나 피함이 있어서 성사된 일도 패함이 많다.

ㄴ. 너무나 명백하므로 처리과정에서 인망을 얻는다. 그러나 성질이 급해서 망신도 많이 당한다.

ㄷ. 부모의 유산은 물려받으나 그 가업을 지키지 못하여 자수성가 해야할 팔자다.

ㄹ. 허황된 일을 저지르지 말라. 모인 재산도 지키기 어려우리라.

ㅁ. 사람을 다루는 일을 잘 하면 사업에 크게 기여할 운이어서 성공에 발전을 거듭하리라.

ㅂ. 해마다 3月 출생자와 싸움을 조심하라.

⑦ 7월생 운세

ㄱ. 이달생은 자존심이 강하여 자선의 마음도 잘 변하여 하지 않는다.

ㄴ. 하는 일에 너무 세밀해서 자기 마음대로만 하려는 성질이 있기에 남에게 핀잔을 잘 받는다.

ㄷ. 겉은 진실하지만 속은 놀기를 좋아하고 바람기가 심하여 이것 때문에 가정 풍파가 있을 수다.

ㄹ. 너무 좋은 시기는 놀기에 바쁘고 세월이 바람같이 흐르니 한탄말고 노력하라. 그러면 40전에 큰 발전이 있으리라.

ㅁ. 해년 正月에 손재를 조심하고 몸을 조심해야 한다.

⑧ 8월생 운세

ㄱ. 8월달에 출생한 사람은 든든하게 보이며 남을 잘 우러러보며 대인과의 관계를 잘 이어간다.

ㄴ. 남을 약간 무시한 성질이 있으므로 자칫 잘못하면 이미 사귀던 친분의 인연도 끊어지게 된다.

ㄷ. 너무 강하여 자기의 마음대로 일을 착수하므로 한때는 실패하여 하늘과 땅을 집으로 지낼 우려가 있다.

ㄹ. 그래도 재주가 있어서 한번은 크게 성공하여 이름을 널리 날릴것이다.

ㅁ. 언제나 해년 5월은 자동차를 조심하라.

⑨ 9월생 운세

ㄱ. 9월생은 성격이 원만하고 작은 재주가 많으므로 사회에 빨리 발을 들여 놓는다.

ㄴ. 하는일이 너무 거세므로 자신의 힘만 소모하는 일이 한때는 있다. 물론 초년에 고생이 심한 반면에 또한 너무 호화스럽게 지낸이도 있다.

ㄷ. 20대를 지나서 중년에 접어들때 부터는 대단히 큰 발전이 기약된다.

ㄹ. 너무나 금전에 인연이 능통하므로 돈을 다루는데 능한 반면에 서류를 항상 조심해야 한다.

ㅁ. 임기응변하여 언제나 의식과 의복은 궁함이 없다. 그러나 매년 9월초와 말은 조심하라. 남과 다투지 말아야 한다.

⑩ 10월생 운세

ㄱ. 10월생은 명랑하고 강직하며 발랄하여 남에게 자기의

실력이 떨어지는 것을 싫어한다.

　ㄴ. 사람에게 있어서 좋은 인상은 받지 못하나 그의 마음이
진실한바 또한 이익되는 일도 많다.

　ㄷ. 약간 인색하지만은 너무나 자기주장을 내세우는 바람에
크게 인색으로 곤란을 초래하는 일도 많으리라.

　ㄹ. 모든것을 주의하면은 남보다 크게 발전할 상이요. 만사
가 순조롭게 되리라.

　ㅁ. 40대가 되면은 이제 실패하는 일은 없을 것이오. 다만
해년 3월에 감언이설에 주의함이 현명하다.

　⑪　11월생 운세

　ㄱ. 동짓달 11월생은 성질이 급하고 편협하여 실패가 많으
며 남보다 먼저 깨닫는 지혜가 있어서 크게 신임을 얻을 수다.

　ㄴ. 자기일을 너무 안일하게 처리하고 집안을 소홀히 하므로
집안에 어려움이 많지 않으리라.

　ㄷ. 조금만 신경을 쓰면 집안은 화목이요. 사업과 직장은 선
악이 없이 전진할 상이다.

　ㄹ. 중년에 한번은 패할것이나 그후는 크게 되리라. 의식은
걱정이 없으며 열심히 활동을 하여라.

　ㅁ. 해년 11월은 화제조심하고 밤길 조심하라.

　⑫　12월생 운세

　ㄱ. 12월 섣달생은 이일도 아니고 저일도 아니고 이럴까 저
럴까 망설이고 근심할 상이다.

　ㄴ. 즉 결단성이 결여되어 잘 되는 일이 적으며 간사한 면이
있는 반면에 또한 정직성을 표면에 잘 나타낸다.

　ㄷ. 자기가 어렵게 모은 재산도 남의 어려움을 자기일처럼
생각하여 모두 써버리는 어리석음이 있기도 한다.

　ㄹ. 본인이 색정을 좋아하므로써 낭비를 많이하나 이를 주의

하면 말년에 부귀영화를 누릴 것이다.

ㅁ. 언제나 해년 6월과 12월은 사람을 조심하라 뒤로 넘어져도 코가 깨지는 법이니라.

제3절 출생시로 보는 운세

① 子時生

ㄱ. 자시에 태어난 사람은 마음이 일정하지 못하여 자리를 자주 옮기는 편이며 자기 마음대로 하기를 좋아한다.

ㄴ. 고향과는 인연이 없으며 일찍 객지에서 생활한다. 또한 몸이 약하여 신병에 잘 걸리는 편이다.

ㄷ. 여자의 경우 이 시간에 태어난 사람은 화류계가 되기 쉬우므로 각별히 몸조심하길 바란다.

② 丑時生

ㄱ. 축시에 출생한 자는 부모와 인연이 박하다. 작은 일에도 성의가 있으므로 대소사를 막론하고 일에대한 성공은 순탄한 편이다.

ㄴ. 그러나 초년 고생이 조금 심한 편이나 차차 중년부터는 좋아질 것이다.

ㄷ. 또한 지혜가 있으므로 문학에 애착을 갖고 노력하면은 큰 성공을 기대할 수 있으리라.

③ 寅時生

ㄱ. 인시에 출생자는 성질이 급하고 너무 강하므로 부친의 덕이 박하다.

ㄴ. 초년은 고난이 많으리라. 그러나 운시가 밝아서 청년시대 부터는 운이 크게 열리리라. 그 운은 말년까지 지속 될 것이다.

ㄷ. 마음은 강직하나 몸은 쇠약하므로 건망이 따르고 말고로
사업에 실패할 우려가 있다.

④ 卯時生

ㄱ. 묘시에 태어난 사람은 부자간에 인연은 박하여도 여인과
의 인연은 있어서 교제가 능한 편이다.

ㄴ. 이 사람은 웃사람의 신용과 아래로는 존경을 받는다. 그
러나 초년과 중년은 매사가 여의치 못하여도 중년을 넘어 섰을
때부터는 발전에 발전을 거듭하여 크게는 부와 명예를 잡으리라.

ㄷ. 말년은 안락한 생활을 지내리라. 초년의 운은 곤액이 있
으나 무사히 지나게 되리니 걱정이 없다.

⑤ 辰時生

ㄱ. 진시생은 성품이 강직하고 고집이 세어 남의 말을 잘 듣
지 않는다.

ㄴ. 처자와도 불화가 있으며, 경영하는 일에는 그리 지장없이
소원성취 하리라.

ㄷ. 부모와 인연은 없으나 자수성가 하여 상당히 발전하는
상이다.

⑥ 巳時生

ㄱ. 사시생은 재주가 많으나 약간 변덕이 있어서 말을 잘 듣
는다. 하지만 머리가 총명하여 운수가 길하며 발전을 거듭할 상
이다.

ㄴ. 만사는 여의하나 초조함이 잠재되어있다. 또한 의식은 일
생동안 넉넉하리라.

ㄷ. 형제간의 인연은 박하다 하나 만인에게 크게 덕을 쌓아
높은 자리에 설것이다.

⑦ 午時生

ㄱ. 오시에 난 사람은 좀 거만하지만 사치가 심하여 낭패를 당할 우려가 많다.

ㄴ. 의협심은 있어서 남을 궁지에서 잘 도와주는 편이어서 나중에 신임을 얻으리라.

ㄷ. 무슨 일을 생각하는대로 개혁을 잘하는 편이다. 그러나 여색을 주의하지 않으면 성공은 불가능함이니 주의하라 만사 태평하리라.

⑧ 未時生

ㄱ. 미시에 출생한 자는 부모가 일찍 사망하거나 자신은 외가나 친척집에서 자랄 것이다.

ㄴ. 중년까지는 근심이 있을 것이니 근검절약해야 할 것이며 부부 인연은 박한 편이다.

ㄷ. 30세이후 서서히 발전하여 40세를 넘으면 안락을 되찾고 재물도 크게 얻으리라. 운세가 햇빛처럼 찬란히 밝으며 영화롭게 발전할 운시다.

⑨ 申時生

ㄱ. 신시생은 의식은 걱정없으나 형제간에 우애는 박하다. 노력을 많이하는 편에 속한다.

ㄴ. 재주는 있으나 냉정한 편이고 외관 내심하여 재앙이 조금 따르는 편이나 중년 이후에는 큰 관직에 오를 것이다.

ㄷ. 남에게 적선을 많이함으로서 본은 차츰 운시가 열릴것이다. 다만 냉정한 기색을 좀 주의하기 바란다.

⑩ 酉時生

ㄱ. 유시에 출생한 자는 성품은 유순하며 온화하고 친절하다.

ㄴ. 생각하는 바가 깊고 초·중년은 조금 궁색하여 여의치못한 생활이다. 38세를 넘어서면서 큰 일을 성사시켜 사회에 이름을 떨치리라.

ㄷ. 사치하는 마음이 있으므로 그 마음과 행동을 주의하면 . 큰 발전과 성공을 거두리라.

⑪ 戌時生

ㄱ. 술시생은 마음씨가 좀 박정하여 참을성이 적은편이며 이동이 많은 편이다.

ㄴ. 금전에 곤란을 겪지는 않으나 초년은 곤고한 편이며, 성공의 기회를 잘 포착하므로 크게 발전할 공명상이다.

ㄷ. 중년은 안락과 영화를 겸비하여 크게 공명을 뛰며 한층 더 해서는 지모를 갖추므로 큰 성공을 거듭한다.

⑫ 亥時生

ㄱ. 해시생은 마음이 정직하고 자비심이 많은 것이므로 남이 자신을 많이 도와주는 운시다.

ㄴ. 재산은 유여하고 의식도 격정없으며 근심도 격정이 없으나 일신의 고독함은 면치 못할정도다.

ㄷ. 초년은 부모와 인연도 없으며 고생은 많은 편이나 지극히 돌보는 정성이 있어서 크게 발전할 것이다. 고로 입신 양명한 상이다.

제4절 꿈 해몽법

1. 하늘과 해, 달, 별에 관한 꿈 풀이법

1) 하늘이 갈라져 보이면 부모에게 근심이 생기며 집안에 어려운일이 생기고 잘되는 일도 파하고 꼬이게 된다.

2) 하늘이 무너지는 꿈은 부모상을 입는수니 조심하길 바란다.

3) 하늘과 땅이 서로 마주치는 꿈은 하는일이 잘되는 순조로운 꿈이다.

4) 신과 말을하는 꿈은 자신이 귀하게 되는 길운이다.

5) 하늘에 날아 가거나 올라가는 꿈은 앞으로 부귀할 상징이다.

6) 해와 달이 함께 보이거나 품안에 들어오면 귀한 아들을 낳는다.

7) 달이 쪼개지는 꿈은 집안에 어머님이 상처를 입을 상이다.

8) 달이 보이거나 품에 들어오면 딸을 낳는다.

2. 구름, 바람, 안개의 꿈 풀이

1) 바람이 사납게 불어치며 옷을 날려 버리면 본인은 신병이 침입할 징조다.

2) 바람이 불어서 나무가 넘어지거나 꺾어지면은 계약한 일들이 파산당할 것이다.

3) 폭풍이 일고 몸을 차갑게 하면은 유행성병이 생기게 된다.

4) 폭풍이 일고 소낙비가 오면은 집안이나 친척에 상을 입게 된다.

5) 바람에 몸이 날아가면은 타인에게 사기당할 일이 발생한다.

6) 태풍이 일고 순조로우면 장사에 이익이 생긴다.

7) 바람소리가 울리면은 먼데서 기쁜 소식이 온다.

8) 남자가 오색이 일어나는 꿈을 꾸면 장사에 큰 이익이 있다.

9) 여자가 오색이 일어나는 꿈을꾸면 주인을 바꾸워야 큰 이익이 된다.

10) 꿈에 구름색이 붉거나 희면 만사성취되는 운이다.

11) 꿈에 구름색이 검거나 푸르면은 질병이 생길 징조다.

3. 벼락과 비와 눈 무지개 꿈 풀이

1) 길을 걷다가 비가오면은 술과 음식이 생긴다.

2) 비를 만나도 우산이 없어서 비를 맞으면 이사하라 좋은운
이다.

3) 우박이 오거나 소리를 들으면은 이사운이 다가온다.

4) 뇌성이 진동하고 번개가 번쩍이면 큰 이익을 본다.

5) 꿈에 벼락을 맞으면 크게 부귀해질 징조다.

6) 꿈에 벼락이 다른곳에 떨어지는 것을 보면 불길한 일이 생
긴다.

7) 무지개 꿈을 꾸면은 하는 일을 급히하라. 이익이 있다. 늦
으면 손해다.

8) 하얀눈이 몸에 닿으면 만사가 순조롭게 이루워진다.

9) 큰 비가 오고 눈이 내려서 길을 잃을때는 형제간에 불화하
고 재난을 조심하라.

10) 서리가 내리고 이슬이 내리는 꿈은 일의 지장을 암시한다.

4. 자신과 남에 대한 꿈 풀이

1) 신선과 애기하는 꿈은 운수가 열리는 꿈이다.

2) 백발 노인과 또는 벼슬하는 사람과의 대화는 운수 대통의
상징이다.

3) 친구와 싸워서 맞으면 이익있고 때리면은 손실이 있다.

4) 집식구가 모인것을 보면은 고향집에 근심이 일고있다.

5) 친한이가 웃고 보이면 대길할 운이고, 욕하는 꿈은 불길한
꿈이다.

6) 자신이 입신하는 꿈은 불길하다. 여자는 병이 생길 징조다.

7) 도적이 집에서 물건을 가져가면 뜻밖에도 횡재한다.

8) 여자가 결혼하는 꿈은 먼곳에서 걱정되는 소식이 온다.

9) 거지를 보면은 웃사람의 도움으로 소원성취 하리라.

10) 죽은이가 보이면은 대길하고 부자 형제는 장수하고 자신도

대길할 운시다.

11) 손님이 와서 잔치하는 꿈은 머지않아서 대길할 운수다.

5. 목욕과 화장실, 흙의 꿈 풀이

1) 입을 씻으면은 직장 옮기는 꿈이다.
2) 수족을 씻으면은 큰 병이 낳는다.
3) 배를 씻으면은 재앙이 물러가고 길운이 온다.
4) 목욕하는 꿈은 질병이 물러가는 징조다.
5) 대변이나 소변으로 더러운것을 보면 재물을 많이 얻는다.
6) 소변에 빠지는 꿈은 대길할 운수다.
7) 남이 쌓아 놓은 똥에 앉으면 불길한 꿈이다.
8) 똥을 밟으면 불길하고 색깔이 검어도 불길한 운수다.
9) 똥을 도난 당하면은 재산이 없어진다.
10) 변소에 갇혀있으면 불길한 일이 생기고 흉함을 면하기 어렵다.
11) 진흙이 소매에 묻으면 욕설을 당한다.

6. 신체에 대한 꿈 풀이

1) 머리에 불이 나면은 남과 싸우게 된다.
2) 머리가 여러게 보이면은 출세할 꿈이다.
3) 머리털이 빠지고 머리가 하얀것을 보면 불길한 꿈이다.
4) 머리털이 깎아지거나 자르는 것을 보면은 나쁜일이 생긴다.
5) 머리를 빗거나 얼굴을 씻으면은 만사에 근심이 없어진다.
6) 머리털이 눈과 얼굴을 가리면 사고가 생긴다.
7) 머리털이 엉켜져 있으면 고발 당한다.
8) 계속 엉켜져 있는 머리가 풀리면은 친구의 도움을 받는다.
9) 남자 꿈에 추녀가 머리를 빗어주면은 악한 여자의 사랑으로 해를 입는다.
10) 부인이 머리를 풀면 사악의 일을 암시한다.

11) 머리털이 칼에 자르는 꿈은 걱정이 생긴다.

7. 산과 나무, 땅에 관한 꿈 풀이

1) 높은 산에 살고있는 꿈은 기쁜 일이 생긴다.
2) 땅이 울퉁불퉁하면 뜻밖에 놀랄일이 생긴다.
3) 산에 올랐는데 산이 무너지면 나쁜일이 생긴다.
4) 산에서 길을 잃었는데 누가 도와주면 입신출세한다.
5) 집위에 올라서는 꿈은 상하 사람들의 근심을 그치지 않게 하므로 불길하다.
6) 산과 숲 등을 다니면 만사가 순조롭다.
7) 산에 안개가 끼여있는 꿈은 모든일이 되지 않는다.
8) 산에 불이난 것을 보면은 만사가 대통하리라.
9) 산덤이를 짊어져 보면 큰 권세를 누릴 상징이다.
10) 나무없는 산이나 광야를 보면은 먼곳에서 소식이 온다.

8. 다리와 길의 꿈 풀이

1) 안개낀 길을 거닐면 추진하는 일이 중단된다.
2) 길을 잃어 방황하면 친척과 불화가 생긴다.
3) 처음 길이 험하고 나중이 좋은것은 처음일의 시작은 나쁘나 끝이 좋다.
4) 하늘에서 길 안내를 받으면은 만사가 대통하리라.
5) 새로운 길을 걸으면 만사가 순조롭다.
6) 다리위에서 누가 나를 부르면 나의 일이 승리를 거둔다.
7) 다리 밑에서 쳐다보거나 내가 남을 부르면은 내가 일의 패배를 당한다.
8) 다리가 중간에서 끊어져 보이면 여자로 인한 고생이 생긴다.
9) 다리의 기둥이 끊어져 보이면 손 아래 사람의 불길을 예상한다.

10) 소를 끌고 다리위를 거닐면 아내가 임신한다.

11) 다리나 길에 수레차가 길을 막고 있으면 일에 지장이
생기고 능률이 부진한다.

9. 바다, 강, 우물의 꿈 풀이

1) 바닷물이 잔잔하고 배가 떠있는것을 보면 운수가 좋다.

2) 홍수가 나면 부부 불화하고 하는일이 뜻대로 되지 않는
다.

3) 바다의 파도가 일어나는 것을 보면은 부부간에 구설이 있
다.

4) 홍수가 붉으면 마을 늙은이가 사망하고 푸르면 젊은이가
사망한다.

5) 바닷물이 마르고 샘물이 마르는것은 친구를 조심하라는
징조다.

6) 집안에 우물이 있어보이면 만사 대길 하리라.

7) 집안으로 물을 길러오면 만사가 좋은 것이다.

8) 물위에 걸어보면 대길 하리라.

9) 물위에 있는것은 흉하니 조심해야 한다.

10) 물 가운데나 또는 헤엄쳐 보면 만사가 순조롭다.

10. 싸움, 색정, 살인의 꿈 풀이

1) 사람에게서 살해를 당하면 크게 길한 운이 열린다.

2) 남과 싸우면 인덕이 있고 재물이 들어온다.

3) 남과 욕하면 흉하니 조심하라.

4) 사람을 죽이면 크게 길하니 부귀하게 될 것이다.

5) 주먹으로 때리는 꿈은 결혼하는 꿈이다. 화목하리라.

6) 처첩을 때리면 흉하다.

7) 남에게 매를 맞으면 힘을 얻고 심장이 강해진다.

8) 형제의 싸움은 크게 좋다.

9) 곤봉으로 사람을 때리면 재수가 있다.

제 4 편

제 1 장 총론 특수 비법

제1절 총론 설명

① 대인관계 및 융통비법

이 비법은 명리학에서는 명백하며 당일진의 3.4진의   반대로 가야 됩니다. 이 세상에는 모든일과 동등은 대인관계로 이루어 집니다. 그러므로 이 융통비법은 대단히 중요합니다.

ㄱ. 내가 지금 극도로 사정이 나빴을때 급히 돈이 필요 할때 어느쪽으로 가야 빌릴수 있겠는가 하는 비법은 명리학 방 위법으로 아주쉽게 구분할 수 있읍니다.

이 방법은 그 당일 일진을 기준하여 미래 3,4진에 대한 반대 방향으로 가야 합니다.

ㄴ. 예)   辰일 이라면은 미래 3,4진은 午, 未이므로   그 반대인 子, 丑, 방향에 사는이에게 부탁하면 됩니다.

※ 이 경우에 선천수와 성씨의 액수가 맞아야 합니다.

※ 즉 丑이 八이니까 액수단위가 180등의 단위가 적합하다는 것입니다.

ㄷ. 돈 받는 달은 정재, 편재, 달이나 일진에서 받게되고 선 천수를 보고 박씨는 丁壬卯酉월에 들어 옵니다.

인자의	子	丑	寅	卯	辰	巳	午	未	申	酉	戌	亥
선천수	九	八	七	六	五	四	四	八	七	六	五	四

※ 방위도

※ 동기간 거래는 받는 달이 비견, 겹재, 육해, 달 및 일에 받는다.

※ 남편이 보내온 돈은 정관운달이다.

② 취직 및 해외취업 비법, 해외 가는법

사람이 일정한 직업없이 놀고 있는데 언제쯤 취직이 될까하는 경우는 다음 비법으로 하면 됩니다.

ㄱ. 대운 첫시작 오행월에 취직이 됩니다.

ㄴ. ※ 예) 대운시작이 辰이라면 3월에 취직이 됩니다.

ㄷ. 당, 일진의 3, 4진의 반대오행쪽으로 가면 좀 쉽게 취직이 됩니다.

〈 해 외 취 업 〉

1. 이 경우에는 순행사주, 역행사주를 가리므로 적중하는 열쇠를 가지게 됩니다.

ㄱ. 순행사주는 다음 대월인 丑월에 가게 됩니다.

ㄴ. 역행사주는 과거 대월인 亥월에 가게 됩니다.

예) ※ ┌ 子의 순행은 丑이요
     └ 子의 과거는 亥이지요

2. 해외로 갈수있느냐는 당년 태세를 기준해서 미래 3, 4진에 대한 반대 오행이 사주원국이나 대운에 나타나면 됩니다.

ㄱ. 예) 丁卯년생이면 미래 3·4진은 巳, 午에 대한 반대오행 즉 亥나 子가 있으면 확실한 열쇠의 적중이 됩니다.

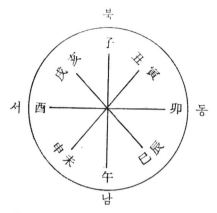

예) 巳, 午의 반대는 亥, 子
다.

③ 직업운, 주택운, 부유하게 사는 비법

1. 직업선택이 명리학보다 명백한 것은 없다. 우선 소득이
없느냐가 가장 중요한 자료기사다.

ㄱ. 일간을 기준으로 해서, 정재를 배양합니다.

丙화주는 酉, 금이 정재이므로 유 금이 12운성으로는 죽을사자
사의인자를 찾고, 사는 불에 해당하므로 사의 물쌍추리, 화력취급,
업무는 주유소, 차량사업 등 그 방면에 크게 성공합니다.

ㄴ. 평생직업 대운으로 보면 됩니다.

즉 첫대운이 申이면 寅과 충하고 ⎫ 충을 만들어서 해당일 반
즉 첫대운이 乙이면 申과 충하고 ⎭ 대오행과 일하면 반듯이
　　　　　　　　　　　　　　　　　 흑자입니다.

※ 단, 진辰, 술戌, 축丑, 미未, 등은 그대로 직업추리 합니다.

ㄷ. 주택보는법

주택은 운명상으로 큰 비중을 차지하니까 중요시합니다.

※ 천간이나 지지에서 양오행에 해당하는 경우에는　낮은지대, 낮은
집에서 윤택하게 살수 있읍니다.

반대로 음대운 오행은 높은곳에서 살아야 윤택해 진다.

ㄹ. 대운을 살펴서 괴강이나 백호살 〈재살〉에 해당하는
대운부터는 외각지대나 지방에서 살아야 윤택해진다.

※ 이는 지금까지 틀린적이 한번도 없었읍니다.

④ 직장이동 업체이동 등의 비법

1. 이는 태세를 기준하여 3,4진으로 결정합니다.

ㄱ. ×사람이 일을 하다보면은 스카웃당하거나 합니다.
ㄴ. ×어떤불화로 직장을 옮길때도 있읍니다.
ㄷ. ×또는 국외냐 국내냐하는 진출법도 있읍니다.
ㄹ. ×또는 업체이동등도 마찬가지 입니다.
ㅁ. ○이런법을 간단히 크게 활용할수 있는비법은 다음과
   같읍니다.

2. 직장을 옮길때─즉 태세를 기준해서 3,4진을 기준하여
반대방향으로 가야 합니다.

ㄱ. 문,예─○戊辰년이라면은 午未는 3,4진이다. 그러므로
   그 반대인 子丑방향으로 가야 합니다.
ㄴ. ×만일 그리하지 않으면은 후회하고,
                   근속못하고,
                   또 소득이없고, 자주 직장을
                   옮기게 되지요.
ㄷ. 방향─업소이전도법, 해외로 직장옮기는 법 등도 위와
   같습니다.

⑤ 확실한 투자의 방위도

ㄱ. ×인간이라 함은 누구나 욕심이 많은 법입니다. 가령 어
  느방향으로 투자를 해야하는가 하는 방법과 소속된 물건
  을 가리킵니다.
  ×이경우 한가정, 크게는 일개단체의 생활이 달려있어서
  신중히 하지 않으면 안된다는 것입니다.

ㄴ. 보는법은 투자자의 태세
  ◦즉, 나이를 가지고 보는데 만일 癸未라면 지지로써 순
   행 3,4진 酉이나 戌이면 그 반대방향인 卯나 辰으로
   투자를 해야합니다.
  ◦되도록이면 4진이 확실합니다. 투자하면 반듯이 목적을
   이루게 됩니다. 100 % 달성무난은 합니다.

※ 이것은 왜 반대로 가야되는가 하면은 미래 3,4진은 없을
  무 무물이고 미래 3,4진의 반대 오행은 있을유 유물이기
  때문입니다.

ㄷ. 문제 예) 나이   순행   반대
       癸未는 순행 3,4진은 酉,戌 그 반대는 卯辰
       입니다.

-115-

ㄹ. 선천수의 관계로 돈을 투자하라.

물건	○九	八	七	六	五	四	四	八	七	六	五	四
투자방향추리	子	丑	寅	卯	辰	巳	午	未	申	酉	戌	亥
	작은물	진흙토	대림목이요	거목·큰활목	초목	대륙	용광로이다	등화다	전원토이다	금철금품	주옥이오	대륙이오흙	강하다

⑥ 가출자와 숨은사람 찾는 비법

1. 이 비법은 명리학에서는 명백히 틀림없으며 꼭 3진의 반대에 있읍니다.

　　ㄱ. ※ 人間은 누구나 그 본분이 있는것이며, 심성이
　　　　자칫하여 친구나 선·후배 혹은 자존심의 관한 일들,
　　　　등등으로 인해서 한번쯤 내지 두번쯤은 가출경험이 없
　　　　지않아 있음은 人間의 기본적 향방인 것입니다.

　　ㄴ. 이 비법은 명리학상으로는 아주 쉬운 일이며 아직까지
　　　　도 이 비법이 틀린적은 없었읍니다.

　　ㄷ. 선천수 내용
　　　　子 丑 寅 卯 辰 巳 午 未 申 酉 戌 亥
　　　　九 八 七 六 五 四 四 八 七 六 五 四
　　　　쥐띠 소 범 토끼 용 뱀 말 양 원숭이 닭 개 돼지
　　　　이 경우 알고 싶어하는 날의일진을 가지고 가출자가
　　　　있는 방향소재를 알수 있읍니다.

　　ㄹ. 찾는법은 알고싶어 하는 당일 일진을 가지고 순행 3진
　　　　의 반대방향에 있읍니다.
　　　　※ 즉 예를 들면은
　　　　　　子일에 알고싶어 했다면 순행 3진은

子──丑── 寅 〈북동쪽〉이 3진이라 인의 반대
방향인 申 〈서남쪽〉이 그 가출자가 있는곳
입니다. ―이 비법은 확실한 결론입니다

※ 그리고 申방향인 신은금이라 금속 재철과
   의 관계된 일을 하고 있을 것이며,

※ 그리고 申은 선천수 7이니까 7획성씨인
   송씨등 관계가 있게되고,

※ 그리고 申은 원숭이 띠라, 그 띠를 가진사
   람과 불과분의 관계로 그곳에 있게됩니다.

※ 그리고 申은 선천수 七 즉 칠십리 방향에
   있읍니다.

ㅁ. 특 , 예―돈을 빌려주고 못받는 경우도 그 사람을 이렇
게 찾읍니다.

※ 방위도-찾을때는 반대로 가라,

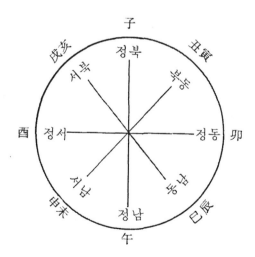

⑦ 부동산 이사수 비법

※ 이사수=순행과 역행을 보지 않고 결정합니다.
　　　　　 옛 말에도 역학에서 보면 밥을 굶드라도 이사를 잘
　　　　　 하라 하였읍니다.
　ㄱ. 노후를 위한 이사=태세를 기준하여 반환살 방향으로
　　　가라. 卯라면은 辰이 반환살이다.

　ㄴ. 은덕을 보는 이사수=대운의 첫 지지로 월살방으로 하
　　　라. 만일 子라면 戌방향이 된다.

　ㄷ. 사업잘되는 이사수=태세를 기준하여 화개살 방향으로
　　　하라. 申이라면 辰방향이 된다. 소원이 이루워지고 아무
　　　런 해가 없다.

　ㄹ. 가장 좋은 방향이란=동북방향이다. **無害無德方**〈무해무
　　　덕방〉이다. 이는 12월은 丑이며 축은 봄의 발판이므
　　　로 三神의 가호를 받는다.

　ㅁ. 어느집 가장을 기준하여 대운시작이=이사하고 안하고
　　　를 결정지어 집니다.
　　　※ 예) 未 6월이 대운시작이면은 6월에 이사하고,
　　　　　　 申이라면 대운시작이 7월에 이사하게 됩니다.

　ㅂ. 기본예는 ※ 未 6월이사는 윤택해지고,
　　　　　　　　　 丑 12월 이사는 줄어드는 이사가 됨이
　　　　　　　　　 역설입니다.

　ㅅ. 이사달은 일간을 기준하여 식신, 상관달에 성사가 이루
　　　워 집니다.

〔 부 동 산 〕

1. 투기목적은=사주를 기준하여 판단하면 아주 간단합니다.

-118-

예) 시주가 亥라면은 亥월에 부동산 출입이나 매매가 이루워 집니다.

ㄱ. 집을 팔때는=대운시작 월에 매매됩니다. 丑이면은 12월에 이루워집니다.

예) 대운시작이 酉라면은 8월에 매매가 이루어 집니다.

ㄴ. 전세도=위와 같습니다.

⑧ 유리한 사람의 방위선택법 승부 판단법

1. 이는 당일진의 4진 반대방향으로 봅니다.

ㄱ. ×남성과 여성이 또는 어떤사람이 둘씩 사귀고 있는데 어느쪽이 더 유력하고 좋은 배우자이며, 어느쪽으로 승부할 것인가도 알수 있는 비법입니다.

ㄴ. 승부찾는법은—당일진 즉 巳일이면 申이니까 신의 반대 丑방향에 있는이는 승부하게 됩니다.

ㄷ. 배우자 선택비법—그 사람의 나이 태세로 4진을 낸다 음 그사진의 반대가 되는 쪽의 배우자를 선택하면 됩 니다.

ㄹ. 문, 예) ※ 丙寅년 태세면 4진은 巳다.
巳의 반대는 亥다—이쪽 사람은 좀 부유하 고 사귀는 동안 괜찮을 것이다.

※ 방위도

⑨ 병을 고치는 방향전위

질병이란 병을 말하므로 즉 건강을 해치는 것을 말합니다.

ㄱ. 명리학 질병론은 명리학에서 건강에 이익이 되는것은 육친 정인의 오행입니다.

ㄴ. 사주 어느 일주가 甲목 이라면 인수는 癸수가 되는데, 12운성으로 따져서 癸수가 사에 해당하는 자리는 申이라서, 申은 신체에서는 대장, 늑막 부위에 속합니다.
—이는 출생과 동시에 잘 낫지 않는 병입니다.

ㄷ. 발병하는 병은 대운에서 결정이 됩니다. 만일 갑대운이 경과했다면은 간장과 눈 손가락 등 질병이 나타납니다.

ㄹ. 고칠수 있는 방향은 일단 질병이 나면 못고치는 관계로 방향은 고칠수 있는 방향이 있는 것입니다.

ㅁ. 고치는 방향은 자기대운 태세를 기준하여 만약 卯라면은 반대방향의 약국이나 병원을 찾아가면 효과를 보게 됩니다.

ㅂ. 경험담
예) 원국에 경신이 있고 대운에서 경인을 만난 사람이 대장암으로 사망하는 경우를 봤읍니다.
예) 대운에서 양오행을 만났을때는 주로 신경성질환이 발생합니다.

※ 방위도

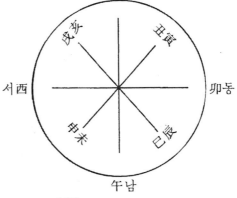

⑩ 학과 선택법, 전공선별 비법

학생이 공부를 잘 해야되는 것은 장래와 연결되므로 대단히 중요합니다. 그러나 공부를 못해도 그 전공이 있으므로 잘 살리면 빛을 보는 것입니다.

ㄱ. 즉, 대운 둘째 지지로 학과목을 과목별로 배당합니다. 다 가오지 않는 대운으로 봅니다.

ㄴ. 대운 시작이
   ※ 子午卯酉―수학과, 컴퓨터, 기능방면으로 보고
   　　寅申巳亥―물리과, 과학, 의학 과목으로 보고
   　　辰戌丑未―어학과, 사회, 예·체능으로 봅니다.

ㄷ. 예) 대운 지지 8개만 뽑아라.

73	63	53	43	33	23	13	3
卯	寅	丑	子	亥	戌	酉	申

아직 오지 않은 대운은 辰戌丑未 그래서 어학과 예체능 사회를 취학과목으로 봅니다. 이경우 과는 두번째 대운으로 판단해요. 지지가 사유축, 신자진은 이과나 공과이고 해묘미, 인오술은 문과로 가야 적성을 발휘합니다.

특이한 것은 대게 진학을 했다가도 진학중 괴강을 만나면 전공을 못지키고, 부전공에 공부하고 일을 할 가능이 많습니다.

※ 대운 둘째 지지를 잘 살리세요 〈 과목별 〉
　寅卯辰은 교육계, 법률계, 경제계, 인문계열,
　巳午未는 토목, 생물학, 외교, 연예계등 (예체능계 따로)
　申酉戌은 공학, 생산, 가공분야
　亥子丑은 의술, 정보, 수송, 전자, 언론보도 등.

⑪ 시험치는 날 합격법

ㄱ. 이것은 원국과 또 대운에 있어야 하며 冲(충)이나
   破(파)가 되지 말아야 합니다.

ㄴ. 시험치는 날이 즉 巳일이면 이 일진을 기준으로 과거
   3,4진이
   예) 丑이나 寅이 나타나야 시험성적이 우수하게 나타납니
      다.

ㄷ. 이 밖에도 이민이나 시험등 발령때에도 면접당일 일진이
   원국과 대운에 있으면 됩니다.

⑫ 대문을 내는 비법

ㄱ. 대문은 가장의 일간을 기준하여 정재가 사가 되는 방향
   으로 대문을 내고 살면 자기의 목적이 달성됩니다.

ㄴ. 목적 예) 생년을 일간으로 보고 戊·寅년생은 자기의 정
   재는 癸수이고 계수는 申의 사가 되므로 원숭이 띠와
   손을 잡으면 크게 자기일이 달성됩니다.

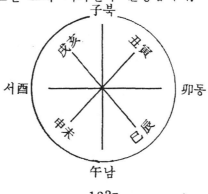

⒀ 각 인자의 장학생운 작용

학생들　子운　뜻밖에도 성적이 일치월장하고 비교적 좋은일
이 많습니다.

丑　초운은 나쁘지 않으나 조금 매사가 늦어집니
다.

寅　지나친 긴장과 불안때문에 시험에서 실수를 연
발케함. 고전함이다.

卯　밖으로만 나갈 생각이 있고 공부보다, 친구나
스포츠에 신경을 쓰게 됩니다.

辰　국어보다 외국어에 더 관심을 갖는 운입니다.

巳　과거에 못했던 과목을 혁신하는 열의를 보이
기도 합니다.

午　약간 미달과목이 많아집니다.

未　노력의 댓가가 끈기없이 성적저하로 학업중단
이나 어려움을 당하게 됩니다.

申　산수나 어려워 했던 과목을 다시 잘하는등 또
는 굴곡이 생깁니다.

酉　감투를 쓰거나 간부활동을 하는 수다.

戌　대운과 같이 밖으로 나가서 영화나 또 친구집
독서실로 가려함. 그러나 꼭 집에서 하라.

亥　조용히 공부하다보니 성적이 무르익듯이 오르
게 됩니다.

⒁ 장학생의 육신운 작용

비견 능률부진등 허무 맹랑하여 놀기를 좋아합니다.

겁재 친구로 인하여 나쁜곳으로 휩싸이게 됨. 공부보다 스포츠
소질을 잠깐 나타냅니다.

식신 공부는 잘하지만 1등은 어렵다. 잘해도 석차가 오르
지 않읍니다.

상관 부모나 스승눈을 속이고 나쁜길로 빠질수요.

편재 공부에 짜증과 싫증을 자주내고 성적이 오르고 내리고
      합니다.

정재 수학과목에 자질을 보이고 모범생으로 리더가 되기도
      합니다.

편관 공부를 소홀히하고 놀기에 바쁘다.

정관 공부가 부진하고, 석차가 저하됩니다.

편인 부모나 스승에게 사랑받고, 성적이 금세 오르고 부지
      런하여 관심을 사게 된다.

정인 판에 박은듯이 부모의견대로 하고 또는 바람직한 생활
      태도를 보입니다.

⑮ 우등생 가려내는 법

  1. 학생일주 기준법
    ㄱ. 학생의 일주를 기준하여 미래 3,4진의 반대가 원국
        이나 대운에 있으면 우등생임이 틀림없다.
    ㄴ. 학생의 일주를 기준하여 미래 3,4진만 있으면 공부
        의욕이 있읍니다.
    ㄷ. 학생의 일주를 기준하여 미래 3,4진과 반대 둘다없으
        면 열등생을 면하지 못합니다. 앞으로 학업에 지장이
        있지요.

  2. 아빠나이 기준법
    ㄱ. 아빠가 해, 묘, 미생이면 천살 해당은 戌〈술〉이니까
        寅〈인〉, 午〈오〉, 戌〈술〉띠의 자녀를 두었다면 분
        명 공부에 지장없이 성장해 나아갈 것입니다.
    ㄴ. 반환살 해당은 그 자녀가 효성은 있으나 상급대학에
        진학은 못합니다.
    ㄷ. 나머지는 노력과 환경조성으로 될 수 있읍니다.

ㄹ. 경험담,
　예) 사주원국에 寅〈인〉辰〈진〉자가 있는 학생이 대
　　운에서 다시 寅〈인〉辰〈진〉을 만나면 머리가
　　심각히 나빠집니다. 이는 옛날 말로는 청룡·백호의
　　만남이니 용호상각에 해당하는 경우입니다.
ㅁ. 천재는 대운에서 뜻밖에도 시초가 개강성이 있는　경
　우가 많습니다.　개강은 항상 나쁘게 보이지만 무에서
　유를 창출하는 돌연변이가 되기도 합니다.
ㅂ. 경험예) 갑대운에서 반장, 회장등 크게 각광을 받는
　경우가 있습니다.
ㅅ. 성적학년별 예측법, 이는 태세를 기준해서 과거오행 즉
　戌이라면은 3, 4진의 반대 子의 반대는 午未이므로
　원국이나 대운에 나타나면은 뜻밖에도 성적이 저조합
　니다.
ㅇ. 성적 매월 예측법. 이는 월주를 기준하여 4월이면 그
　반대의 戌亥가 원국이나 대운에 나타나면 우수한 성
　적이 보입니다.

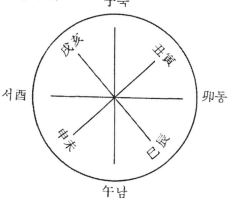

3. 육신상의 성적 판단법
　ㄱ. 겁재, 상관, 편재, 편관, 편인, 운에서는 성적이 저조상
　　태로 나타납니다.

ㄴ. 비견, 식신, 정재, 정관, 정인, 운에서는 성적이 우수하
　　게 발휘됩니다.

ㄷ. 단 식신은 공부는 잘 하는데 석차는 저조합니다.

⑯ 공부잘하는 비법, 우등법

1. 사주전체가 잘 흐르면 편하므로 교육계나 종교방면에 적
성을 보이게 됩니다.

ㄱ. 학생의 성적은 기복이 따르나 집에서 놓아주는 방위
　　때문입니다.

ㄴ. 천살방향에 책상이 놓인 학생은 공부잘하고 설사 성적
　　이 내려도 이내 총명한 기억력으로 발휘합니다.

ㄷ. 반환살방향에 책상이 있는 학생은 절때 일등못함. 저
　　조하고 진학에 어려움이 있다.

ㄹ. 공부잘하는 법.
　　학생의 나이를 기준하여 천살방향으로 책상놓으면 이
　　내 성적이 오르고 신기한 모범을 보일것이며, 차차 오
　　르는 진기를 보임. 상승의 진거가 보입니다.

2. 계산법　12신살론
　　巳酉丑년생은 辰　방향이 ∥ 천살방향 입니다.
　　亥卯未년생은 戌　방향이 ∥ 천살방향 입니다.
　　申子辰년생은 未　방향이 ∥ 천살방향 입니다.
　　寅午戌년생은 丑　방향이 ∥ 천살방향 입니다.

방위도

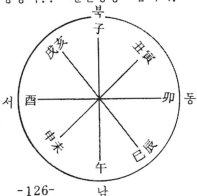

※ 진학단계에 있는 학생의 경우

　※ 이미 반환살 방향인 성적저조 학생은 그쪽에 있는 학
　　교로가야 우등학교에가서 잘됩니다.

　※ 이미 천살방향에 우수한 학생은 그쪽 방면으로 가야
　　상급학교에 가게됩니다.

　※ 대학 진학기생 대운에서 개강이나 백호살〈재살〉이 있
　　으면 지방분교나 전문대학에 진학함.

학생사주를 봐서 일주기준으로 미래 3,4진에 대한 반대오
행이 사주원국, 대운에 나타나면 우등생, 반대는 열등생임.

　※ 원국이나 대운에 해당
　　예) 자일생은 미래 3,4진은 인묘, 반대는 유申, 있으
　　　　면 우등생이 아니고 인묘 미래진이 있으면 공부하
　　　　는 의욕은 있다고 봅니다.

　※ 둘다 없으면 열등생 못 면합니다.

⑰ 남·녀 궁합 보는법

　1. 궁합은 꼭 필요함에 있어서 두 사람은 꼭 봐야한다고
주장하는 바이다.

　　ㄱ. 먼저 그 순서는 1,2,3,4 즉 年柱 月柱 日柱 時柱
　　　　등 구분으로 나눈다.

　　ㄴ. 각 일주끼리 원진, 충, 형, 파가 없어야 하고,

　　ㄷ. 다음은 대운의 지지가 군, 신, 민을 잘 대조해야 합니
　　　　다.

　　ㄹ. 만일 대운에서 남자가 민이고, 여자가 군이며, 군위에
　　　　여자가 남자에게 위험을 부를 징조가 보입니다.

　　ㅁ. 또한 각 일지끼리 순행 간격이 4위를 넘지 말아야
　　　　한다. 즉 남자가 子라면 여자는 寅정도면 됩니다.

　　ㅂ. 궁합의 예를 설명하면 다음과 같음은 궁합이 좋읍니다.

<table>
<tbody>
<tr><td>시</td><td>일</td><td>월</td><td>년</td><td>男</td></tr>
</tbody>
</table>

시 일 월 년　男　　　　　시 일 월 년　女
壬 甲 癸 庚　천간　　　甲 己 戊 乙　천간
戌 戌 卯 子　지지　　　午 丑 戌 丑　지지

51 41 31 21 11 1　12 신살론법　　　　　　　　1 12 신살론법
戊 丁 丙 乙 甲 癸　　　　　　　　癸 甲 乙 丙 丁 戊
申 未 午 巳 辰 卯　　　　　　　　巳 午 未 申 酉 戌
　　　군　　　민　　　　　　　　　　　신　　　민

時 日 月 年
戊 甲 卯 子 男
午 己 戌 丑 女
　4　3　2　1
　　　六合
　　　이 이
　　　요 요

ㅅ. ※ 여성을 기준해서
둘째 대운의 띠와
三合해서 그띠와
결혼하면 좋다 또한
그띠의 선천수인 성
씨도 무방합니다.

일간의 천간끼리 합이니 좋은 것
이지요.
이는 사주에 자기는 일간이므로
이렇게 봅니다.

寅午戌 三合에서 반합이 되므로
이 또한 좋은걸로 봅니다.

ㅇ. ※ 대운의 12신살론도 男이 민, 군으로 갈때, 女자도 민,
신 이므로 좋은 궁합입니다.

제2절 각 인자의 작용운 – 12지지 각 인자의 뜻 작용

① 子자운지지 (음수)– 밤11시～새벽1시사이 색은 검정, 성질
냉하고 습한것 계절은 11월

ㄱ. 직장인–엄격한 시스템이나, 비밀많고 분위기가 으시시한
통제가 심한 환경에서 근무하게 됩니다.

ㄴ. 가정적–자식문제나 비뇨기계통 여자는 자궁계통에 피로

운 문제가 야기되기도 합니다. 남자는 심한 성
병일 경우도 있다.

ㄷ. 사업인―심심치 않게 도둑의 습격을 받아 곤욕을 치르고
너무 조잡스럽고 흑심이 있는 인사들이 중상모
략이나 하고 음성적 병태에 시달리고 행정관서의
통제도 받게 됩니다.

ㄹ. 기혼남녀―자운에서 자식문제로 예측못할 고충이 생깁니
다.

ㅁ. 학생들―뜻밖에도 성적이 일치월장하게 되는 등 좋은일이
많읍니다.

ㅂ. 대운,일진―자를 만나면 자식문제는 물론이고 종교, 비밀
등 툭터놓고 상의할수 없는 문제가 있읍니다.

ㅅ. 사주원국에―자가 있는 사람은 남에게 차가운 인상, 엄
격하고 보수적이며 냉혹하다.

② 표축운지지 (음토)― 새벽 1 ~새벽 3 시사이, 색은 황색, 성질
냉혹, 계절은 12 월

ㄱ. 직장인―인사관계에서 세대교차가 자자서 본인이 직책에
불안느끼고, 위축된 테두리 안에서 활동하고, 다
른곳으로 떠나지 못하는 공포심.

ㄴ. 사업인―매사가 늦어지는 안타까움에 발을 구르고, 일을
하고 싶어도 할 일이 맞는게 없군요. 일을한다
해도 능률이 오르지 않아 고심하구요. 일거리도
없어요.

ㄷ. 혼인기 남녀―서로가 비밀을 흠잡아서 파혼하는 수가 많
으며, 고통이 많읍니다.

ㄹ. 학생들―학생들은 뜻밖에도 초운이 나쁘지 않습니다.

ㅁ. 부부들의 작용운―불편했던 사람도 자연접촉하고 화목이
루고 자녀도 딸만 두던 분이 아들을
출산하는 수가 많읍니다.

ㅂ. 해외운의 작용―표운에서 해외갈 운을 갖고 있으므로 기
회를 쉽게 잡을수 있읍니다.

③ **寅인운지지 (양목)**― 새벽 3 시~새벽 5 시 사이 색은 청색, 성질
仁, 고독, 계절은 1 월

ㄱ. 여성들―심장병으로 고생할 수요. 깜짝깜짝 놀랜수요. 몸
을 따뜻이 하세요.

ㄴ. 직장인―寅운에서 의심과 공포심 때문에 고심하게 되고,
어떤 한계의식 느끼고 간간이 관제구설에 공포심
두려움을 앓고 있읍니다.

ㄷ. 사람들―寅운에서 경계심의 절정에 이르고, 상담할수 없
는 비밀을 지니고 있으며, 나쁜일을 해놓고 방어
대책을 간구중입니다.

ㄹ. 학생은―지나친 긴장과 불안때문에 시험에 실수연발하고
고전을 합니다.

ㅁ. 어린이는―잘 놀래는 증세로 고생하게 됩니다.

ㅂ. 사업인―대게 잘 모르는 사업에 손을대서 불안과 초조
속에 허덕이고 매상에 위축을 초래합니다.

ㅅ. **寅일에는**―무슨일이건 그 목적이 잘못되는 경우에 금새
관재 사건이 발생등 심각한 사건의 내용이 잠
재되어 있읍니다.

④ **卯묘운지지 (음목)** ―아침 5 ~ 7 시 사이, 색은 청색, 계절은
2 월

ㄱ. 사람들―卯운은 일 안되고, 사업 안할수요, 이사수 집을파
할수, 집이 있더라도 남의 명의로 살고 있읍니다.

ㄴ. 직장인―자기의 근면성을 상사에게서 확인받게 됨은 물
론 근면 덕택으로 엄청난 능률을 올리게 됩니다.
하지만 부하들 즉, 밑에 있는 직원들로부터 너무
극성스럽다는 평을 받게도 됩니다.

ㄷ. 사업인—뜻밖에도 근면과 성실로써 능률을 올려 남보기
에는 당장 거부가 되는 것처럼 보이지만 그 규
모를 확장해서 너무 크기에 일을 매듭 못하고
지출이 심한게 흠이지요.
ㄹ. 여성들—평소 직업이 없던 사람이 卯운에 이르면은 극
성 맹렬한 여성으로 돌변합니다. 그러나 경제적
으론 실속이 없는 것이지요.
ㅁ. 卯일에는—무슨일 계약등 업무목적, 이사문제, 주택문제,
부동산문제 등이 야기되고 식구들이 여행이나
가족들이 갈라지는 일 등이 생깁니다.
약속곤란 초래등 일으킵니다.
ㅂ. 학생들—밖으로 놀아날려고함, 공부보다 친구나 구경 또
는 스포츠에 신경을 쓰게 됩니다.

⑤ 辰진운지지 (양토) —시간 아침 7 ~오전 9시 사이, 색은 황색
계절은 3월
ㄱ. 사람들은—辰운에 이르면은 불확실한 업무, 투기업에 손
을 데어 결과는 엉뚱한 곳에서 생활의 목적을
이루는 수가 많음.
ㄴ. 직장인—집을 자주 비우게 되고, 외박하는 등 괜히 바
쁘게 됩니다.
ㄷ. 사업인—뜻밖에도 저질방법, 통속적방법, 경영으로 업무를
진행하게 되고, 그러나 수익은 실질적으로 큰
성공을 거두게 되나, 대개 남이 쌓아올린 사업
기반을 온당못하는 방법으로 파고들어 이익을 도
모하게 됩니다.
ㄹ. 혼인기남녀—자기보다 신분이 못한 사람들과 정이들어서
부모님이 반대에 봉창하는 수 입니다.
ㅁ. 학생들—국어보다 외국어에 관심을 더 갖게되는 경향이
많습니다.

ㅂ. 원국에 辰이—있는 사람은 남다른 아이디어로 실속을 차리
　　　　　기도 하지만 성질이 좀 각박해요.
ㅅ. 부부애정—항상 자신보다 못하다는 인식을 벗어날수 없는
　　　　　배우자와 살면서 배우자를 포악스럽게 다룹니다.
ㅇ. 중년에서—辰운은 배우자를 잊게 되는수도 있읍니다.
ㅈ. 辰일에—주로 욕심을 내세워서 무리한 욕구를 충족하려고
　　　　　하는 경우가 많읍니다.

⑥ 巳사운지지 (양화) —시간 오전 9 시~오전 11 시사이, 색은 적
　　　　　　색, 계절은 4 월
　ㄱ. 직장인—巳운에 이르게 되면 저축에 대한 강한 행동을
　　　　　보이기도 하고 복지사회 관심도 갖게되고 부업
　　　　　에 손을 되기도 합니다.
　ㄴ. 사업인—제 2 의 사업, 양면작전을 세우기도 하고 늘리며
　　　　　흑자를 봅니다. 다른 직종 변동은 위험 합니다.
　ㄷ. 학생은—과거에 소홀했던 공부를 혁신하는 열의를 보이
　　　　　기도 합니다.
　ㄹ. 巳일주, 뱀띠—사람은 집안 동기간 뒷바라지하고, 부모부
　　　　　양보다는 권리와 관계없이 의무를 감당해
　　　　　야 좋음, 자연원리 입니다. 또는 집의 근
　　　　　처에 종점과 정거장등·이 밀접한 관계가
　　　　　있는 곳에서 생활합니다.
　ㅁ. 대운巳—직업 전향등 자리를 바꾸고서는 어떤 경우건 성
　　　　　공을 못합니다.
　ㅂ. 사람들—그대로 참고 순리되로 잘하면 좋게 됩니다.

⑦ 午오운지지 (음화) —시간 오전 11 시~오후 1 시사이, 색은 적
　　　　　　색, 계절은 5 월
　ㄱ. 누구나—午운에 본인이 직접 일의 처리를 점검하는 것이

좋읍니다. 지명하신 일이 잘 치루워 지게 됩니다.

ㄴ. 직장인—午운에서 승진이 늦져지고, 출근에 자주 지각사
　　태가 일어납니다. 일보다 자기 휴식의 향락위주
　　로 일을하다 대사를 그릇치는 일이 많읍니다.

ㄷ. 사업가—午운에 이르면은 모든 일들이 지연되고, 화난을
　　당하게 됩니다. 수표부도, 답송물건이 늦게 도착
　　등 수금이 늦어지고, 경영에 잘못 모순을 초래
　　하고, 정했던 기간이 잘 안되고, 일을 남에게 시
　　키면 대리인 때문에 손해가 막심합니다. 직접하
　　는게 좋고 안일위주는 피하세요.

ㄹ. 기혼남녀—자녀가 늦어서 애를 태우는 수가 많아요. 생
　　활비 과다지출 심해 조심해요.

ㅁ. 미혼남녀—혼기를 놓쳐서 동기간이나 부모친척들에게 비
　　축을 사는 경우가 생기게 되고요.

ㅂ. 아이들은—지능이 부족하고, 발육이 늦어지는 경우가 많
　　아요.

ㅅ. 원국에 午는—비교적 잠이 많고, 마음이 유유한 편이어
　　서 남에게 호인대접을 받기도 해요. 솔직
　　하고 속임수는 없고, 마음이 밝음. 너무
　　솔직한게 탈이지요.

ㅇ. 午일에—약속하면 대개 오후5시가 정해지고, 또 그때 만
　　나게 되는게 혼함. 누구를 시키지 말것. 본인이
　　직접 행동해 가세요.

⑧ 未 미운지지 (음토) —시간 오후1 ~오후3시 사이 색은 황색,
　　　　　계절은 6월

ㄱ. 직장인—근무 열심히 안하고, 부업이나 투기에 꾀하다가
　　권고사직을 당할 위기에 놓이고 회산등 불미한
　　일이 야기됩니다.

ㄴ. 학생들—노력이 끈기에 결하여 성적이 저하로 학업 중단에
　　　　비유할 어려움을 당하게 됩니다.

ㄷ. 아이들—未운에 이르게 되면은 식물 중독등으로 성장에 지
　　　　장을 초래하거나 구토나 피부병등이 혼합니다.　.

ㄹ. 未일주사람—사람됨이 유순하고 순진미가 넘침으로 벗이많
　　　　이 생기는 특징과 이성문제로는 떨어지지 않는
　　　　곤욕을 치르는 수도 있읍니다.

ㅁ. 사람들이—未운에 이르게 되면은 속은 비어있어도 남보기에
　　　　는 부유하게 보여서 거기에 지출이 심하고,　특
　　　　히 유흥가 쪽에 극심하게 지출이 늘고 군두덕
　　　　인 일에 오염되어 현실을 망가뜨리게 됩니다.

ㅂ. 사업인—未운에 이르면 분수외 일을 도모하고 규모된 사
　　　　업을 소홀히 하다가 손재나 관제수등 무고하게
　　　　범재망에 걸리는등 슬픔을 당하고 아픔을　당하
　　　　게도 됩니다.

⑨ 申신운지지 (양금) —시간 오후3시~5시사이, 색은 백색,
　　　　　　　　　　계절은 7월

ㄱ. 사람들—申운에 이르면은 구두쇠로 신경이 변하는 등 한
　　　　푼의 돈도 쪼개쓰는 절약검소형이고 규칙을 좋아
　　　　하는 형편으로 변하게 됩니다.

ㄴ. 직장인—申운에는 부수익이 감소되고, 서로가 현위치에서
　　　　떠나야 한다는 위기의식을 갖고 근무하게 되며,
　　　　너는 너고, 나는 나고 라는 식으로 개인 주의가
　　　　평대해서 직장에서 화목에 금이가는 일이 많읍니
　　　　다.

ㄷ. 사업인申운—사업규모 축소, 기구들 축소, 인원감축 등 지
　　　　출을 줄이려는 지혜를 강구하며 비상시기를
　　　　당하고, 업소, 공장부지, 전환등도 이때 이루

워 집니다. 주변의 비협조로 인해서 민사소
송 분배, 상속등 일이 생기면서 식구들의
문제도 자연스럽게 이루워 집니다.

ㄹ. 혼인기남녀—너무나 타산적인 성격탓으로 인연이 잘 연결
안되고 중매등 실패수요.

ㅁ. 학생들—이런운에서 산수적 학과에 능력을 발휘하는 장
점도 있지만 위축된 심리때문에 성격굴곡을 가지
게 됩니다.

ㅂ. 어린이—申운에서 비록 어리지만 머리 씀씀이가 명석하
여 친구를 골라 사귄다든가 편식을 하게 됩니다.

ㅅ. 申일에—승산이나, 결산, 금전, 채용등을 하게 됩니다.

⑩ 酉유운지지 (음금) —시간 오후 5 시~저녁 7 시사이, 색은 백
색, 계절은 8월

ㄱ. 일주에 酉의작용—먹는 음식에 인심이 후하고, 선심이 좋
아서 누구에게나 원망을 사지 않는다.

ㄴ. 사업인기혼여성—酉를 만나면 친지나 동기간 또는 씨댁
동기간의 시중을 들어주게 되며, 그런일
등이 계속 닥치고, 댓가없는 지출이 따르
고, 일반적 대접이나 봉사를 하게되며,
분주하게 되고, 누구의 시중과도 같은일
을 계속 당하게 됩니다. 제 3 자가 볼때
는 쓸때없는 선심을 한다고 안타까운 눈
초리로 봅니다.

ㄷ. 직장인—酉운에 이르면 능력을 발휘하고, 언론방송, 홍보
등 업무에 일을 담당하고 자기 고정수입 범위내
에서 남을 위해 봉사하고, 헌신적이라서 죄없는
욕설과 편잔을 받게도 됩니다.

ㄹ. 혼인기남녀—성혼이 이루어 진다 하더라도 말썽이 생기는
수가 많읍니다.

-135-

ㅁ. 학생들—감투를 쓰거나 간부활동을 많이하게 됩니다.
ㅂ. 酉일에는—남의 하소연이나 팔자타령을 자주 듣게 됩니다.
　　　　고백담을 많이 보게 됩니다.
ㅅ. 酉의특성—자신이 헌신해서 남에게 공과 덕을 베푸는 일
　　　　을 하게되지요.

⑪ **戌술운지지 (양토)** —시간 저녁 7시~밤 9시 사이, 색은 황
　　　　색, 계절은 9월

ㄱ. 사람들은—戌운에서 자기도 모르게 이중생활에 모순을 초
　　　　래하고, 그것을 뒤늦게 발견하게 됩니다. 이중
　　　　교제나 순결에 의심을 받게끔 사건을 저지르
　　　　게됨, 또한 적은 부수익을 위하여 어떠한 인
　　　　간합정에 빠지게 됩니다.
ㄴ. 직장인—용돈 즉 적은돈에 수익을 도모하게도 되고, 금전
　　　　에 손을 될 수요. 집을 비우지 마세요. 자기 자
　　　　리를 지키고 일찍 귀가 하세요.
ㄷ. 사업인들—가정두고 비밀리에 새 살림을 차리기도 합니
　　　　다. 그리하여 푼돈을 축내는 수요. 가정의 위
　　　　기 질서를 무너뜨리게 됩니다. 가정에 망신과
　　　　충격을 야기시키고 그것을 조용히 저지르는
　　　　모순행위가 일어날 것입니다. 집을 자주 비우
　　　　면 않좋습니다.
ㄹ. 학생들—戌대운에서 공부외에 스포츠나 영화관 람등으로
　　　　시간낭비가 심하고 많으며 남의 집으로 공부가고
　　　　독서실등으로 가려고 하나 집에서 해야 옳읍니
　　　　다. 그렇지 않으면 모순이 있을 징조이지요.

⑫ 亥 해운지지 (양수) —시간 밤 9시~11시사이, 색은 검정색,
　　　　계절은 10월

ㄱ. 직장인─亥운에 이르면 의무감 때문에 친척 친지들을 권
　　　　하려다가 파국을 초래할수있고 곤란을 초래합니
　　　　다.
ㄴ. 사업인들─수익에 반비래하며, 피붓이 친척들을 자신도없
　　　　이 주롱주롱 대리고 다니다 크게 난감한 입장
　　　　에 처하게 됩니다. 어음, 수표등 잘못 빌려서
　　　　줬다가 허겁지겁 급히 갚느라 고심하게 됩니다.
ㄷ. 혼인기남녀─亥운에서 자기관리 잘못으로 정자를 더럽히
　　　　는 일을 당하게 됩니다.
ㄹ. 학생들─학생들은 뜻밖에도 성적이 오르게 됩니다. 조용
　　　　히 머리집중을 하세요.
ㅁ. 亥일의작용─집안식구끼리 거래하는것 처럼 안일하게 하
　　　　다가 큰일을 그릇치게 됩니다. 〈욕심을 버
　　　　리세요〉

제 5 편 성명학적 오행 및 획수풀이 비법

제 1 장

ㄱ. 발음 오행은 다음과 같다.

가	카		木	목에 속한다
나	다	라 타	火	화로 나온다.
마	바	파	水	수로 표현된다.
사	자	차	金	금으로 나온다.
아	하		土	토에 속한다.

ㄴ. 획수 오행은 다음과 같다.

1 , 2 획	木	목에 속하고
3 , 4	火	화로 배치된다.
5 , 6	土	토로 속한다.
7 , 8	金	금으로 배치된다.
9 , 10	水	수로 속한다.

1) 성명학 오행과 획수를 풀이하는데는 다음과 같이 해명하
   는 것입니다.
   ※ 문예 1 번 보기) ㄱ. 발음오행 풀이법

   水   朴박

   金   星성

   土   仁인

   ○발음에는 이렇게 배치된다. 소리나는 글자대로 위에서
     찾아보라.

ㄴ. 획수 풀이 오행

8 金 김 8획이니 　　　　金

9 相 상 17획이니 10은
　　　　　　떨구고 7획이니 金

10 根 근 19획이니 10을
　　　　　　떨구고 9는 　　水

2) 만일 성명이 朴 星 恩 이라면 박은 발음오행에서 (水) 로
　나오고 성은 (金) 금으로 나오며 은은 (土) 토로 나오니
　이는 오행이 水 金 土이니 수금토를 찾아보면 쉽게 이름
　자의 해명을 알 수 있다.
3) 성명풀이와 획수 풀이를 쉽게 볼수있도록 한글로 기재하
　였으니 찾아보기 쉬울 것이다.

제 1 절

1) 목성 (木姓)
① 木木木 : 총명하고 사람됨이 참을성이 있고 겉으로는 부
　　　　　드러우나 속은 강하며 착실하다. 처음에 기초를
　　　　　든든하게 세우므로 성공이 계속 발전해 간다.
② 木木火 : 착실하고 영리하나 마음이 좁고 예민한게 단점이
　　　　　다. 애정은 극단에 흐르기 쉬우며 운세는 길하여
　　　　　성공해서 영화를 누리고 장수한다.
③ 木木土 : 성격은 친절하나 약한 편이다. 외유내강의 특성이
　　　　　며 사회의 신용을 얻어 사업이 순조로우며. 관
　　　　　록도 좋다. 운세가 튼튼하여 출세하게 되며 생활
　　　　　이 평탄하다.
④ 木木金 : 성실하고 재물보다 의를 생각하며 성품이 정직해
　　　　　서 남을 잘 도와준다. 하지만 지나치게 완고하므

로 사교가 넓지 못하다. 성공운은 있으나 남에게 박해를 당한다. 또한 변동이 심하다.

⑤ 木木水 : 노력형의 사람이며 이해력이 많고 감수성이 예민하다. 가정은 화목하고 자녀도 효순한다. 하지만 유랑방랑하는 경우가 있으며 성공할지라도 계속 발전이 힘들다. 또한 실의에 빠질 우려가 많다.

⑥ 木火木 : 성질의 변화가 자주일며 신경이 예민하고 사람을 대하는 데도 극단으로 흐르기 쉽다. 운세는 순탄하지만 특히 인덕이 있다. 분주히 도와 주므로 발전을 거듭하고 조상의 덕이 많다.

⑦ 木火火 : 불같은 성질이나 금새 풀어지는 편이고 참을성이 적다. 운세가 순조로우나 오래가지 못한다. 이성의 문제로 큰 실패와 곤경에 처해 고생도 하게 된다.

⑧ 木火土 : 남의 호감을 살정도로 열성적이고 온순하여 감수성이 무척 빠른 편이다. 예의 바르고 부모의 덕이 있으며 사람들의 귀염을 받으므로 사업이 순조롭다. 화목한 가정을 이루고 행복하게 살며 장수한다.

⑨ 木火金 : 순간적인 감정이 일고 이내 성질도 잘 풀린다. 누구와도 잘 통하다가 비위에 거슬리면 이내 돌아선다. 사치와 허영에 빠지기 쉽고 가정운도 그다지 좋지 못하다.

⑩ 木火水 : 경쟁하길 좋아하고 성격이 강하고 지기를 싫어한다. 성공은 하나 빗물처럼 흐르고 재앙이 따르며 여러 사람과 뜻이 맞지 않아서 고욕에 설치게 된다.

⑪ 木土木 : 이동이 많으며 변덕이 심하고 어떤 환경에 권태증을 잘 느낀다. 안정을 얻지 못하고 사업이 자주 옮기며 부모와 처자와도 인연이 박하며

고독한 상이다.

⑫ 木土火 : 색다른 것을 좋아하며 호기심이 많아서 금새 그 일을 한다. 불만이 많아서 가벼운 편이며 직장을 자주 변동하는 등 덕이나 공은 전혀 없다. 자녀 의 효도는 받는다.

⑬ 木土土 : 감언이설에 잘속지 않고 입이 무거우며 속도 튼 튼하다. 일생에 불운이 많은 편이다. 먼 타향에 서 자수성가 할 운이다. 자녀를 사랑하므로 부 부애정은 지속된다.

⑭ 木土金 : 내심이 강하여 남에게 지배 받기를 싫어하나 조 심성이 지나치므로 적극성이 부족하고 부끄러움 등으로 행동이 위축되는 경향이 있다. 성공의 발 전이 늦은편이며 색정으로 인한 곤액이 따른다.

⑮ 木土水 : 냉정히 대하지만 자기와 마음 잘 맞는 사람에게 는 잘 베푸는 편이며 담력이 적고 보수적이며 교 제가 넓지 않고 남의 원한을 사는 수도 있다. 성공은 못하고 고난이 많다.

⑯ 木金木 : 발전성이 없으며 고집이 세고 말도 없으며 표정 도 없는 편에 속하며 지나치게 엄격한 성격 탓에 가성도 불운에서 떠날줄 모르고 고생이 거듭한다.

⑰ 木金火 : 자신이 하는일에 자포자기 하기 쉽고 세상물정에 어두운 편이며 만족할만한 성공은 얻지 못하고 불안정하여 말년에 이르도록 고난을 면하기 힘들 다.

⑱ 木金土 : 운세는 순조롭지 못하고 침묵을 좋아하며 속에는 불평불만이 숨어있다. 몸이 몹시 쇠약한 편이다.

⑲ 木金金 : 잘난체하고 재주가 많고 지혜가 있어서 거만해 진다. 또한 남과 언쟁시비를 잘하고 남이 꺼려하 므로 뜻을 이루기 힘들다.

⑳ 木金水 : 운세가 더디고 말수가 없으며 불안을 안고있으며
안절부절이다. 성공은 힘들고 중간에 곤액이 들어
고난을 이기려면 분주히 뛰어야 한다.

㉑ 木水木 : 예의가 바르고 사람들의 호감을 사서 어려움이
있더라도 서로도와 주며 무난히 발전을 한다. 너
그럽고 온순하여 위아랫 사람의 도움이 많은 편
이다.

㉒ 木水火 : 국량이 부족하여 남의 잘못을 이해못하고 성격이
까다롭다. 운세는 평범하다 큰 욕심만 없으면 어
느정도 성공한다.

㉓ 木水土 : 잘난체하고 남은 남이고 나는 나다식이며 남의
미움을 사기 쉽다. 불안정하니 일생을 방황한다.

㉔ 木水金 : 마음은 순하고 좋은데 조심성이 없고 실수를 잘
하며 겉보기에는 괜찮으나 속은 허물어 지고 있
다. 덤벙대다가 큰 곤액을 당한다.

㉕ 木水水 : 돈을 너무 바란다. 이기적이고 남에게 인색하다.
근심걱정이 연달아 생기고 가정도 원만치 못하며
마음도 항상 고독한 상이다.

2) 화성 (火姓)

① 火木木 : 귀인의 도움이 많고 직장과 사업면에 크게 성공
을 거듭해 나간다. 외유내강하고 승벽심이 강하
며 명실공히 계획만 세우면 무슨 일이든 척척
진행된다.

② 火木火 : 순조롭게 목적을 달성하지만 노력만큼의 댓가 뿐
이다. 편안한 운세이며 승벽심이 많으나 배짱이
적다.

③ 火木土 : 운세는 좋은 편이며 진취성이 있게 발전한다. 하
지만 여색을 좋아하여 이로인해서 큰 곤액을 당

할 우려가 있다. 승벽심이 많으나 대인관계는 원
만하다.

④ 火木金 : 박력이 없고 신경이 예민하여 하는일도 망서리다
가 놓치고 마는 격이다.

⑤ 火木水 : 질투심이 강하고 남을 어려워하지만 속 마음은
절대로 굴복을 하지 않는다. 지기를 싫어하며 객
지에서 허송세월을 보내게 된다.

⑥ 火火木 : 운세는 강하다. 무슨일이건 순리대로 진행된다.
여자는 매력만점이고 심신이 건전하다. 사물에 밝
고 대인관계에 있어서 이끄는 힘이 있다.

⑦ 火火火 : 불과 같은 성격이며 용맹하고 정열적이다. 인내
가 없으니 오래 못간다. 한때는 불꽃처럼 오르다
가 어느새 쇠약해진다. 곤액이 많은 편이다.

⑧ 火火土 : 목적은 달성하여도 중간에서 끊기며 비운에 이르
게 된다. 성격이 온순한데 수양력이 있지만 겉보
다 속이더 복잡하다.

⑨ 火火金 : 허영심이 많고 급하며 참을성이 적다. 겉은 좋지
만 속은 곤고가 많으며 아래 사람의 방해로 피
해를 많이 본다. 허영심이 너무 많으며 색정에
흐르기 쉽다.

⑩ 火火水 : 소심하고 무슨일에나 신경질적이다. 모처럼 기회
를 얻는 일도 놓치고마는 급한성격이다. 성공은
있으나 재산을 모두 잃어버리게 되는 운세다.

⑪ 火土木 : 사람에게 친절하며 온순하다. 물론 국량이 크고
최선을 다하는 성실성이 있다. 조상 및 부모 또
는 윗사람의 혜택을 입으나 의외에 재난이 닥쳐
서 곤난으로 고생을 한다.

⑫ 火土火 : 만인의 덕망이 있어서 윗 사람의 도움을 입어서
성공을 한다. 온후하고 진심이 있어 정성을 다하
니 건전하게 발전해가면서 위 아래의 도움이 많다.

⑬ 火土土 : 부모조상의 덕이 있고 사람들의 사랑을 받는다.
　　　　　원만하고 부지런하여 순조롭게 소원성취하며 성
　　　　　실히 발전해 나간다. 운세가 평탄하게 진행된다.

⑭ 火土金 : 귀인의 도움이 있으며 인덕이 있으니 어려움을
　　　　　당해도 잘 처리된다. 원만하여 신용이 있고 또한
　　　　　소극적인 면이 있다. 중년이후 여색에 빠지기 쉬
　　　　　우니 주의하라.

⑮ 火土水 : 남에게 진심을 보이지 않고 이중인격을 쓴다. 꾀
　　　　　가 많으며 수단을 부려서 윗 사람의 도움은 받
　　　　　으나 중도에 하차한다.

⑯ 火金木 : 감정이 예민하여 의심이 많으며 안정되어 보이나
　　　　　내면은 생활이 복잡하여 헤어나지 못할 곤경에
　　　　　이른다. 매사에 조심성있게 행동하여야 한다.

⑰ 火金火 : 언어에 있어서 함부로 하므로 추궁을 받게된다.
　　　　　조심이 없고 행동이 개괄하여 운세도 불안정하다.
　　　　　성공도 어렵고 인연도 없으니 일생 고난을 당하
　　　　　고 산다.

⑱ 火金土 : 스스로 잘난체하며 의심이 많고 비평을 하여 미
　　　　　움을 받는다. 큰 성공은 못하고 고난을 받는다.
　　　　　가정도 불화가 심하다.

⑲ 火金金 : 재주는 있으나 알아주지 않는다. 인간세계와 등지
　　　　　고 사는격이니 혼자서 고고히 지낸다. 포부는 크
　　　　　고 좋으나 뜻대로 이루지 못한다.

⑳ 火金水 : 일생 파란이 많고 감정이 약하여 의심이 많으며
　　　　　불안에 탄식한다. 부부사이도 나쁘며 오복의 인연
　　　　　도 없다.

㉑ 火水木 : 고집이 세고 조심성이 있으며 자신을 소박한다.
　　　　　너무 편입성이 있어서 남에게 좋은 말은 듣지 못
　　　　　하고 모든일이 엇갈린다. 파란이 많고 불상사가
　　　　　발생한다.

㉒ 火水火 : 재앙이 많으며 책임감이 부족하여 신경질 적이다. 앞으로 생애가 위태롭다. 불안하여 감정이 너무 예민하다.

㉓ 火水土 : 남을 깔보고 자신이 위대한것처럼 남의 의견을 듣지 않는다. 세상 넓은줄을 모르는 격이다. 생활에 쪼들리고 자포자기 한다.

㉔ 火水金 : 너무 가담하여 재물과 시간만 낭비하는 격이다. 운세도 활발하지 못하여 인연이 박하다. 복종심이 적으며 가정을 두고 홀로 보낸다.

㉕ 火水水 : 남과 타협심이 잘 안되어 사회생활에 순조로움이 없으며 운세가 늦은 편이고 자존심이 너무 강하다. 지기를 싫어하므로 뜻하지 않는 어려움이 닥쳐서 몰락한다.

3) 토성 (土姓)

① 土木木 : 생활의 기반은 안정되나 실속이 없으며 발전이 느리다. 도와주는 이는 많지만 의심하는 습성이 있어서 복종하기를 싫어한다. 처자와 인연도 박하다.

② 土木火 : 평온한 운세인데 성공은 어려우며 고생을 다한 다음에야 성공을 성취한다. 적극적이고 노력가이다.

③ 土木土 : 재능만큼의 효과를 얻지 못하지만 원만한 기약은 성취한다. 고집이 세고 유행이나 풍습에는 물들지 아니하며 주관력도 강한편이다.

④ 土木金 : 너무나 편한 것을 좋아하고 사치와 오락을 즐기는 편이며 직장을 자주 옮기나 어디를 가더라도 만족은 얻지 못한다.

⑤ 土木水 : 의협심이 강하여 정직하고 어려움을 이기는 노력

가이다. 그러나 액이 뜻하지 않게 부디쳐 실패의
곤액을 당한다.

⑥ 土火木 : 운세는 출세나 재물은 모두 좋다 활동적이며 똑
똑하고 얌전하다. 부귀영화를 누릴 상이다. 마음
이 즐겁고 직장이나 사업면에서 크게 부귀한다.

⑦ 土火火 : 신앙심이 강하여 괴벽이 있고 자존심이 너무 세
다. 끈기가 부족하고 사업에는 성공하기 힘들다.
그러나 공동업에는 큰 성공을 거둔다.

⑧ 土火土 : 심신이 건전하여 모든면에서 명석하다. 자기의 뜻
을 적극적으로 부지런히 이끈다. 친절과 정성을
다하는 상이니 명성도 성취하고 사업가는 크게
번영한다.

⑨ 土火金 : 너무 급하여 일의 생각을 않고 즉흥적으로 결정
해 간다. 일시적 운세는 좋으나 내막은 시끄러
움이 잠재되어 있어서 부하들에게 꾸지람을 내리
다가 원한을 사는 일이 많다.

⑩ 土火水 : 소심하고 지나치게 감정이 예민하고 신경질적이
다. 여자는 유혹에 잘 넘어간다. 엉뚱한 일로 곤
액이 따르고 곤란을 초래하는 수가 많다.

⑪ 土土木 : 본인이 잘난체하고 남과 쉽게 친하고 쉽게 멀어
진다. 마음의 안정을 찾지 못한다. 패배의 굴곡이
심하며 성공했다가도 이내 절망에 빠지는 수다.

⑫ 土土火 : 사람의 마음을 당기는 매력이 있으나 운세는 좀
처럼 순탄하지는 않는다. 어려운 고난을 이기고
크게 성공은 하나 큰 곤액이 자주인다.

⑬ 土土土 : 재물은 따르고 돈버는 수단은 있지만 성질이 괴
팍하고 타산적이다. 명예를 좋아하고 못난이를
깔보는 격이니 부부금실도 나쁘다.

⑭ 土土金 : 여자는 정조관념이 없고 행동이 느리므로 무슨일

에나 적극성이 없다. 성공은 느리나 안전하게 발
전해간다.

⑮ 土土水 : 간섭이나 지배를 받기 싫어한다. 의를 존중하고
처세에 원만하다. 개성이 강하여 매사에 장애가
따른다. 경영면에 있어서 손실이 크다.

⑯ 土金木 : 운세는 인덕이 있어서 도움을 받는다. 일시적
복록을 누린다. 행동이 민첩하나 소심하다. 차츰
재물이 줄어드는 격이다. 남 보기에만 좋고 속은
실속이 없다.

⑰ 土金火 : 자포자기하게 되고 자신을 잘 모르고 행동하나
그것을 깨닫고 고민에 연속이다. 참을성이 없고
가정에 파란이 많다.

⑱ 土金土 : 평화로운 기색이 떠날줄 모른다. 얌전하고 예의바
르고 위로 사랑받고 아래로는 존경을 받는다. 서
로들 도와주니 순조롭게 발전하여 끝내는 큰 공
을 세운다.

⑲ 土金金 : 자부심이 강하여 혼자 고상한체 하고 겁이 많다.
자신보다 나은 사람에게는 고분고분하고 자신보
다 못한 사람에게는 너무 인색하게 구는 격이다.
운세는 대체로 순탄하다.

⑳ 土金水 : 잘난체하고 거만하다. 냉정하지만 아첨을 잘 하
는 편이며 자질 그대로 소인이다. 일시에 성공하
여 떵떵거리나 길게 가지는 못하고 남과 원한을
자주산다.

㉑ 土水木 : 활동력이 부족한게 단점이나 순하고 침착하여 재
주도 있다. 하지만 얌전한 반면에 소극적이다.
자신의 실력이 있는데도 그 실력을 못받고 있다.

㉒ 土水火 : 재치가 있으나 감정이 예민하여 신경질 적이다.
활동력이 부족하여 급변이 일어서 몰락하여 가산
을 탕진한다.

㉓ 土水土 : 자신의 재주는 알아주는이 없고 영리하며 재주가
있으므로 매사에 얻을수 있는 덕도 놓치고 만다.
겉으로는 안정있게 보이나 속은 급하고 불안하다.

㉔ 土水金 : 자신이 잘난체하고 약삭바르고 말보다 행동이 느
리며 무엇이든 실천이 드물다. 인연이 있어서 좋
은 직장을 소개 받아도 금새 이동을 한다.

㉕ 土水木 : 일시적 영화는 누리나 오래가지 못하고 몰락하여
부상을 입을 우려가 있다. 또한 약삭바르고 아첩
을 잘 하지만 그공은 흐르는 시냇물과 같다.

4) 금성 (金姓)

① 金木木 : 도와주는 사람이 있어서 재물에 궁함은 없으나
기반이 튼튼한데 성공하기까지는 이르지 못한다.
성격이 예민하고 의심이 많으나 어떤 일을 맡으
며 끝까지 최선을 다한다.

② 金木火 : 평탄한 운세이나 큰 성공은 없다. 또한 불만이 많
으며 재치가 있고 의심이 많다. 일생에 큰 곤욕
은 없으니 편한 운세다.

③ 金木土 : 성공은 어렵다. 버릇이 없고 웃사람에게 구지람
을 받는다. 의심이 많아 함부로 대하므로 큰 곤
액이 많다.

④ 金木金 : 직업의 변화가 심하고 자주 옮기며 무슨일이든
결말이 나지 않는다. 감정이 너무 예민하고 다정
다감한 면은 있으나 의심이 많다.

⑤ 金木水 : 희생정신이 있어서 정력을 아끼지 않는다. 그러
나 운세는 좋은편이 아니다. 행동이 바르고 내심
이 강하여 일시적 성공을 하나 곧 숲으로 돌아
간다.

⑥ 金火木 : 성공의 발전은 없다. 잔난체 하고 웃사람의 신임
을 얻지 못한다. 아랫 사람의 덕은 있으나 발전
성이 없다.

⑦ 金火火 : 사치가 심하여 성공의 발전을 무너뜨리게 된다.
허세를 잘 부리며 고달픈 일들이 자주 발생하는
편이다. 인덕이 없으니 고난이 많은 편에 속한
다.

⑧ 金火土 : 부모의 유산은 물려받는다. 해도 일시적이며 곧
없어진다. 자신이 잔난체하고 뽐내기를 잘 한다.
실속이 없고 거만하여 고생끝에 성공은 조금 기
약한다.

⑨ 金火金 : 평온한 생활같지만 실상은 그러하지 않는다. 여
자는 화류계가 되기 쉽고 운세는 나쁘다. 또한
교만하고 가정불화가 자주 일며 잘 난체를 많이
한다.

⑩ 金火水 : 성공은 고사하고 현상유지도 하기 어렵다. 또한발
전운은 없다. 재산의 손실이 많고 외유내강하여
품위가 있어 보이나 고집이 세다.

⑪ 金土木 : 성공에는 순조롭게 도달하지만 곧 괴변이 일어서
탕진하기 쉽다. 남에게 복종하기를 싫어하고 성격
이 너무 강하여 사업은 물론 직장에서도 불안정
하다.

⑫ 金土火 : 돋아나는 새싹이 새봄에 단비를 만나는것처럼 순
조롭게 발전하는 운세다. 말이 바르고 수단이 좋
으며 임기응변에 능하다.

⑬ 金土土 : 운세가 좋다. 지기를 싫어하고 노력하는만큼의 댓
가가 있으며 발전이 날로 성장하는 격이며 부귀
영화를 누리는 상이다. 관운은 물론이고 사업운
도 대길하다.

⑭ 金土金 : 재물도 따르고 명예도 따른다. 하지만 소극적이
　　　　　　다. 명예를 존중하므로 신용을 얻는다. 또한 오복
　　　　　　이 들으니 그야말로 큰 인물이라 하겠다.

⑮ 金土水 : 남에게 진심을 보이지 않고 잘난체하다가 자기
　　　　　　꾀에 자기가 넘어간다. 너무 약사빠르고 길운이
　　　　　　점차로 무너지는 상이다. 불상사가 이르고 재난
　　　　　　이 있으나 대체로 평온하다.

⑯ 金金木 : 성공은 하므로 겉으로는 호화롭지만 속은 좀먹고
　　　　　　줄어드는 상이다. 직장이나 사업면에서 잘못하면
　　　　　　큰 봉변을 당할 우려가 있다. 지나치게 완고해
　　　　　　서 이해력이 부족하다.

⑰ 金金火 : 편협성이 있어서 대인관계가 원활하지 못하고 말
　　　　　　한마디 잘못했다가 망신을 당할수다. 성공은 일
　　　　　　시적으로 하나 금새 몰락하는 격이다. 부부도
　　　　　　불화의 일이 잘인다.

⑱ 金金土 : 우연히 성공은 하지만 성질이 좁고 마음이 약하
　　　　　　여 헤아릴수 없는 곤경에 빠지게 된다. 무난히
　　　　　　성공은 하나 직업 및 사업에 변혁이 많아서 곧
　　　　　　곤액에 빠지게 된다.

⑲ 金金金 : 고집때문에 성공의 문턱이 보이는 데도 고집때
　　　　　　문에 실패를 본다. 재주가 뛰어나고 지혜가 총
　　　　　　명하나 너무 잘난체하고 그로인하여 자신은 큰
　　　　　　곤란을 처한다.

⑳ 金金水 : 평탄한 운세이다. 성격이 외유내강하나 마음이 좁
　　　　　　은 편이나 남과 화합을 잘 하므로 관록의 명예
　　　　　　를 얻으니 일생을 행복하게 보내며 운세는 평
　　　　　　탄한 편이다.

㉑ 金水木 : 좋은 환경탓에 비교적 순탄하나 낭비가 심하다.
　　　　　　온순하고 재주는 있으나 인내가 부족하다. 웃사
　　　　　　람의 도움으로 입신하여 행복한 생애를 누린다.

㉒ 金水火 : 재치가 있으나 약삭빠르니 성공에 도달 했다가도
　　　　　 곧 곤란을 초래하여 낭패수에 이르게 된다. 그러
　　　　　 나 임기응변이 능하므로 그때그때의 고난을 잘
　　　　　 이겨 낸다.

㉓ 金水土 : 겉은 그럴싸하고 실속은 없다. 거만하며　잘난체
　　　　　 하고 허세를 잘 부린다. 우연차 재물이 생기나
　　　　　 너무 잘쓰고 사치가 심하므로 재산은 없다.

㉔ 金水金 : 부모의 유산은 물려받아 상당히 모인다. 성격도
　　　　　 명랑하여 재간이 있어서 기초가 튼튼하다.　사업
　　　　　 을 막론하고 모든일에 자신의 힘으로 웅창시킨다.

㉕ 金水水 : 조상의 덕이 있다. 윗사람의 도움도 있으므로 상
　　　　　 당히 발전한다. 명랑하고 쾌활하여 이해관계가 좀
　　　　　 부족하다. 포부가 좋아서 목적을 달성하고　명성
　　　　　 을 사방에 날린다.

5) 수성 (水姓)

① 水木木 : 영화를 누리고 살지라도 초반은 크게 고생을 한
　　　　　 다. 물론 귀인의 도움이 있다. 독립심이　약하고
　　　　　 남에게 의지하는 경향이 있다. 부귀와 장수를 할
　　　　　 상이다.

② 水木火 : 성공은 윗사람의 힘으로 하게 된다. 감정이 예민
　　　　　 하고 눈치가 빠르고 이익을 보나 결과는 손해다.
　　　　　 조상의 덕은 있으나 곤액이 따르니 풍파가 일고
　　　　　 곤란을 초래한다.

③ 水木土 : 가정이 행복하고 날로 번창한다. 온순하고　자비
　　　　　 심이 있다. 또한 지모를 겸하였으니 총명을 받고
　　　　　 기반이 튼튼하여 마침내 큰 성공을 기약한다.

④ 水木金 : 순조롭게 발전하여 성공은 하지만 점차로 줄어드
　　　　　 는 격이다. 온순하지만 마음이 약하고 희생정신이
　　　　　 강하며 초년은 좋으나 후반은 불길하다.

⑤ 水木水 : 직장과 사업면에서 번창하고 성공을 거둔다. 먼
저는 고생이나 머리가 총명하므로 크게 발달하여
중년에는 사방에 이름을 날리리라.

⑥ 水火木 : 말씨가 곱고 부드러우며 온순하다. 행동이 민첩하
고 급한 편이나 대인관계에서는 최선을 다하는
열성적이다. 운세가 바쁘고 일어섰다가 망하고 또
일어서고 마침내 크게 일어난다.

⑦ 水火火 : 단순한 생각과 행동 때문에 이로인해서 손해가 많
다. 솔직하고 감정이 예민하여 성공을 해도 오래
가지 못한다. 일생에 세번 성공하고 세번실패하
는 운명이다.

⑧ 水火土 : 성공할 운은 없지만 곤란은 없으며 성질이 조급
해서 점잖은 편이 못되며 돌아다닌다. 기초가 든
든하므로 큰 곤액은 없다. 뜻밖에도 성공하는 수
도 있으며 큰 실패할 우려도 있다.

⑨ 水火金 : 인덕이 없으며 부하의 덕도 없다. 자신이 계획한
일들은 한가지도 성취하기 힘들다. 성질이 급하며
배포가 적다. 인연이 박하며 배은망덕을 당하는
수가 많다.

⑩ 水火水 : 가정운에도 파란이 일고 운세가 불안하다. 잘난
체하고 이혼이 되기쉽고 재산을 탕진하여 흉한일
들이 급변으로 몰려와 곤액을 치른다.

⑪ 水土木 : 남에게 간섭받거나 싫은소리를 듣기 싫어하면서
허영심이 많다. 이동이 많으며 운세도 불안정하
여 직장이나 사업을 자주 바꾸며 곤경에 처해
실패한 일이 많다.

⑫ 水土火 : 승리를 하려는 마음이 강하고 남에게 지기를 싫
어하고 사치를 많이 부린다. 모든일에 장애가 따
르며 가정도 불화로 인해서 어려움을 이기기는
극히 힘들다.

⑬ 水土土 : 허영심이 많고 돈을 잘 쓰며, 즐거운 기색은 없
다. 양보와 미덕이 없으며 온갖 역경을 넘어서 성
공을 할지라도 금새 무너지고 좋은 변화는 별로
없다.

⑭ 水土金 : 소극적이며 자존심이 강하고 너무세밀해서 지기
를 싫어한다. 일생의 운이 평범하다. 그러나 큰
성공은 얻지 못하고 불의에 장애가 닥쳐서 방탕
한 세월을 보낼 우려가 있다.

⑮ 水土水 : 불안정한 생활이 계속되며 책임감이 부족하고 간
섭받기를 싫어한다. 뜻하지 않는 사고로 낙심하여
벗어나기 힘들다.

⑯ 水金木 : 초년은 길하고 후년은 불길하다. 겉은 그럴싸 하
지만 속은 근심이 많고 재물로 인한 고통도 크다
다만 성격이 급하나 쉽게 풀어진다.

⑰ 水金火 : 기분파이며 행동이 경솔하여 자포자기하기 쉽고
용기를 잃어서 자신감이 없어진다. 운세는 순조
롭게 올라가나 중년이후부터는 침체되고 곤액을
면하기 힘들다.

⑱ 水金土 : 성실을 기울이며 순조롭게 발전하여 목적을 달성
하여 끝내는 크게 발돋음 한다. 견실한 반면 총
명하다. 앞날에 이상적 발전이 있다.

⑲ 水金金 : 자부심이 강하여 치밀한 계획을 세워서 뜻을 이
룬다하나 완강한 고집 때문에 거만으로 인해서
재주를 살리지 못하고 손해를 많이 본다.

⑳ 水金水 : 자신이 하는 일이 잘 되어 가는것처럼 느끼나
초반은 그럭저럭 넘어가나 후반은 곤액이 침범하
여 곤란을 초래하여 어려움을 이기기는 힘들다.

㉑ 水水木 : 자신의 포부가 커서 지나치게 믿음으로 인한 손
해가 막심하다. 너무 큰 공을 세우기 좋아하나
그 뜻은 이룩하기 힘들다. 분수외 일을 하려다가

모든일이 수포로 돌아간다.

㉒ 水水火 : 운세는 순조롭지 못하나 사치스런 욕심때문에 큰
낭패를 당한다. 신경질을 잘 부리고 자손도 불량
하게 된다. 고독한 생활이 되기쉬우므로 만사에
욕심을 버려라.

㉓ 水水土 : 마음을 털어놓고 애기할 상대가 없다. 너무 총명
하여 자신이 마치 뭐나 대는것처럼 잘난체하고
타협이 안맞고 거만으로 인하여 말썽이 많고
재난 등으로 실패한다.

㉔ 水水金 : 최고 영광 최고의 영예다. 그러나 그것은 물려준
기초뿐이다. 거만하고 자신의 과대선전으로 말미
암아 큰 낭패수요. 그로 인해 고립되기 쉽다. 황
당무게한 욕심때문에 고난을 극복하기 힘들다.

㉕ 水水水 : 자기 꾀에 자신이 넘어간다. 너무 영리하기에 무
어라고 말할수가 없다. 또한 남을 얕보다가 실패
를 당하는 등 곤경에 빠지게되고 고독한 가정생
활이 된다.

제 2 절　다음은 사주에 든 살과 해마다 운에의해 살이들때 쉽게
판단을 할수 있도록 수록 하였으며 찾아보기 쉽게　명시
되어 있다.

1. 낙정살 (落井殺)

ㄱ. 매년 운을 보와 낙정살이 들면 물조심을 하여야 한다.
ㄴ. 사주에 낙정살이란 다음과 같다.
　　甲己日생이 사주에 巳가 있을때
　　乙庚日生이 사주에 子가 있을때
　　丙辛日生이 사주에 申이 있을때
　　丁壬日生이 사주에 戌이 있을때
　　戊癸日生이 사주에 卯가 있을때

ㄷ. 또한 甲己日生이 巳, 午를 만나면 낙정살이 된다.

2. 매아살 (埋兒殺)

ㄱ. 매아살은 사주 중에 있으면 자식을 키우기 힘들고 그의
나이 20세를 넘기기 힘들다.

ㄴ. 매아살은 다음과 같다.

子년생이 사주에 丑이 있으면
丑년생이 사주에 卯가 있으면
寅년생이 사주에 申이 있으면
卯년생이 사주에 丑이 있으면
辰년생이 사주에 卯가 있으면
巳년생이 사주에 申이 있으면
午년생이 사주에 丑이 있으면
未년생이 사주에 卯가 있으면
申년생이 사주에 申이 있으면
酉년생이 사주에 丑이 있으면
戌년생이 사주에 卯가 있으면
亥년생이 사주에 申이 있으면 매아살에 해당된다.

3. 현량살 (懸樑殺)

ㄱ. 현량살이 사주중에 있거나 또는 매년 운수에 현량살을
맞이하여 이살이 강하여 지는데 이때 뜻하지 않는 일로
자살을 하게 된다.

ㄴ. 현량살은 다음과 같다.

申子辰생이 壬子時에 출생한자
巳酉丑생이 辛酉時에 출생한자
寅午戌생이 庚午時에 출생한자
亥卯未생이 乙卯時에 출생한자
위에 해당자는 현량살에 해당된다.

4. 급각살 (急脚殺)

ㄱ. 급각살이 사주에 있으면 벼랑이나 등산등 높은 곳을 조심해야 한다. 즉 추락을 의미한다.

ㄴ. 급각살은 다음과 같다.

甲乙일에　申酉時에　출생했을때
丙丁일에　亥子時에　출생했을때
戊己일에　寅卯時에　출생했을때
壬癸일에　辰戌丑未時에　출생했을때
위는 급각살에 해당된다.

5. 화상살 (和尙殺)

ㄱ. 사주에 화상살이 있으면 중이 되는 팔자다.

ㄴ. 화상살 다음과 같다.

사주에　子午卯酉日生이　辰戌丑未時에　출생 하고,
사주에　辰戌丑未日生이　子午卯酉時에　출생 하고
사주에　寅申巳亥日生이　寅申巳亥時에　출생한자는　화상
관살에 해당된다.

6. 단명살 (短命殺)

ㄱ. 사주에 단명살이 있으면 단명한다고 한다.

ㄴ. 단명살은 다음과 같다.

사주에　일주가　申子辰日생이　巳時일때
사주에　일주가　巳酉丑日생이　寅時일때
사주에　일주가　寅午戌日생이　辰時일때
사주에　일주가　亥卯未日생이　未時일때
단명살에 해당된다.

7. 백호대살 (白虎大殺)

ㄱ. 사주중에 백호살이 있으면 사회적으로나 또는 무슨일에
지장과 각종 곤란을 초래하고 재앙이 떠날줄 모른다.

ㄴ. 백호살은 다음과 같다.
甲辰, 戊辰, 丙戌, 丁丑, 癸丑, 乙未가 사주에 있으면 백
호살에 해당되며 년, 월, 일, 시 어디에 있든 백호살이
다.
백호살이 년주에 있으면 조상이 흉하고
백호살이 월주에 있으면 부모형제가 흉하고
백호살이 일주에 있으면 부부가 흉하고
백호살이 시주에 있으면 자식이 흉한다고 한다.

8. 수화살 (水火殺)

ㄱ. 사주에 수화살이 있으면 불 또는 뜨거운 물로 인한 흉터
가 생기게 되는 것이다.

ㄴ. 수화살은 다음과 같다.
1월생이 사주에 未, 戌이 있으면
4월생이 사주에 丑, 辰이 있으면
7월생이 사주에 丑, 戌이 있으면
10월생이 사주에 未, 辰이 있으면 수화살에 해당된다.

9. 사계살 (四季殺)

ㄱ. 사주중에 사계살이 있으면은 질병이 떠날줄 모르는 살
이다.

ㄴ. 사계살은 다음과 같다.
正月, 二月, 三月생이 사주중에 巳, 丑이 있으면
四月, 五月, 六月생이 사주중에 辰, 申이 있으면
七月, 八月, 九月생이 사주중에 亥, 未가 있으면

十月, 十一月, 十二月생이 사주중에 寅, 戌이 있으면 사계
살이 된다.

10. 사주흉살 (四柱凶殺)

ㄱ. 사주에 흉살이 들어 있으면 장수하지 못하고 질병으로
생명을 단축하게 된다.
ㄴ. 사주중에 흉살은 다음과 같다.
一月, 七月생이 사주중에 巳, 亥가 있으면
二月, 八月생이 사주중에 卯, 酉가 있으면
四月, 十月생이 사주중에 寅, 申이 있으면
五月, 十一月생이 사주중에 丑, 未가 있으면
六月, 十二月생이 사주중에 子, 午가 있으면
사주 흉살이 되는 것이다.

11. 탕화살 (湯火殺)

ㄱ. 탕화살이 있으면은 몸에 화상으로 인한 흉을 입게 된다.
ㄴ. 탕화살은 특히 아이들이 조심해야 하며 아래와 같다.
사주중에 寅자가 있는 사람이 寅, 申, 巳, 亥日에 출생했
으면,
사주중에 未가 있는 사람이 辰, 戌, 丑, 未日에 출생했으
면 ,
사주중에 午가 있는 사람이 子, 午, 卯, 酉日에 출생했으
면 탕화살에 해당되는 것이다.

12. 천조살 (天吊殺)

ㄱ. 천조살이 있으면 부모와 일찍 헤어지거나 또는 부모가
일찍 돌아가신후 외톨이가 되는 것이다.
ㄴ. 천조살은 다음과 같으니 조심을 기하라.

申子辰日생이 사주중에 巳, 午가 있으면
巳酉丑日生이 사주중에 子, 午가 있으면
寅午戌日생이 사주중에 辰, 午가 있으면
亥卯未日생이 사주중에 午, 申이 있으면
천조살이 되는 것이다.

13. 백호살 (白虎殺)

ㄱ. 이는 백호관살이라고도 한다. 사주에 백호살이 있으면 유
행성 병으로 생명을 잃은 경우가 많은 법이다.

ㄴ. 백호살은 다음과 같다.
甲乙日생이 사주중에 酉가 있으면
丙丁日생이 사주중에 子가 있으면
戊己日생이 사주중에 午가 있으면
庚辛日생이 사주중에 卯가 있으면
壬癸日생이 사주중에 午가 있으면
이는 백호살에 해당된다.

14. 비염살 (飛廉殺)

ㄱ. 비염살이 사주중에 있으면 20세를 넘기지 못하고 또는
정신이상이 생기며 가출을 하게 된다.

ㄴ. 비염살은 위험하지만 다음과 같다.
子년생이 사주에 申이 있으면
丑년생이 사주에 酉가 있으면
寅년생이 사주에 戌이 있으면
卯년생이 사주에 亥가 있으면
辰년생이 사주에 子가 있으면
巳년생이 사주에 丑이 있으면
午년생이 사주에 寅이 있으면
未년생이 사주에 卯가 있으면

申년생이 사주에 辰이 있으면
酉년생이 사주에 巳가 있으면
戌년생이 사주에 午가 있으면
亥년생이 사주에 未가 있으면 비염살에 해당된다.

15. 삼형육해살 (三刑六害殺)

ㄱ. 사주에 삼형 육해살이 있으면 시비 또는 관재   구설이
   떠날줄 모르고 액이 붙어 다닌다.
ㄴ. 사주에 삼형육해살이 있으면 다음과 같다.
   사주중에 寅巳申, 丑戌未, 子卯, 辰辰, 午午, 酉酉, 亥亥가
   있으면 삼형살이 된다.
   사주중에 子未, 丑未, 寅巳, 卯辰, 辰卯, 巳寅, 酉戌, 申亥
   가 되면 육해살에 해당된다.

16. 화계살 (華蓋殺)

ㄱ. 사주중에 화계살은 여자에게는 아주 강한 살이며 이런살
   이 있으면 창녀 또는 시집을 가더라도 여러번 결혼한다.
ㄴ. 화계살은 다음과 같다.
   申子辰년생이 사주중에 辰이 있으면
   巳酉丑년생이 사주중에 丑이 있으면
   寅午戌년생이 사주중에 戌이 있으면
   亥卯未년생이 사주중에 未가 있으면 화계살에   해당되
   지만 남자는 해당되지 않는다.

17. 역마살 (驛馬殺)

ㄱ. 사주에 역마살이 들어 있으면 집을 나간다. 또한 결혼한
   여자가 집을 나가면 큰 문제다.

ㄴ. 역마살은 다음과 같다.
　申子辰日생이 寅이 있으면
　巳酉丑日생이 亥가 있으면
　寅午戌日생이 申이 있으면
　亥卯未日생이 巳가 있으면　역마살이 되므로 조심을 기
　한다.

18. 천일살 (千日殺)

ㄱ. 어린아이가 출생후 이 살이 있으면 천일을 넘기기 힘들
　다.
ㄴ. 천일살은 위험하므로 잘 알아두기 바란다. 천일살은　다
　음과 같다.
　甲乙日생이 辰, 午가 있으면
　丙丁日생이 申이 있으면
　戊己日생이 己가 있으면
　庚辛日생이 寅이 있으면
　壬癸日생이 丑亥가 있으면 천일살에 해당하므로　조심을
　하라.

19. 원진살 (怨嗔殺)

ㄱ. 원진살이 되는 띠와 결혼했거나 신수에 원진이 들어오면
　조심하라.
ㄴ. 원진은 다음과 같다.
　子년생은　未가　원진이요.
　丑년생은　午가　원진이요.
　寅년생은　酉가　원진이요.
　卯년생은　申이　원진이요.
　辰년생은　亥가　원진이요.
　巳년생은　戌이　원진이요.

위와 같이 원진살은 언쟁과 싸움을 피하라.

20. 삼재 (三災)

ㄱ. 삼재는 입삼재, 중삼재, 출삼재가 있어서 3년을 말한다.
ㄴ. 삼재는 다음과 같다.

巳酉丑생은 亥子丑년이요.
寅午戌생은 申酉戌년이요.
申子辰생은 寅卯辰년이요.
亥卯未생은 巳午未년이다.

위에 삼재는 3년이요. 3년간 흉하다는 것이므로 조심
하라.

21. 입삼재 (入三災)

ㄱ. 입삼재는 들어오는 삼재를 말한다.
ㄴ. 입삼재는 다음과 같다.

申子辰년생은 寅년이다.
巳酉丑년생은 亥년이다.
寅午戌년생은 申년이다.
亥卯未년생은 巳년이다.

위는 입삼재이므로 각별히 조심하기 바란다.

22. 중삼재 (中三災)

ㄱ. 중삼재란 묵은 삼재이며 또는 와삼재라고도 한다.
ㄴ. 중삼재는 다음과 같다.

申子辰년생은 卯년이다.
巳酉丑년생은 子년이다.
寅午戌년생은 酉년이다.
亥卯未년생은 午년이다.

위는 중삼재이므로 조심을 하라.

23. 출삼재 (出三災)

ㄱ. 출삼재는 떠나는 삼재 또는 나가는 삼재라 한다.

ㄴ. 출삼재는 다음과 같다.

申子辰년생은 辰년이다.

巳酉丑년생은 丑년이다.

寅午戌년생은 戌년이다.

亥卯未년생은 未년이다.

위는 떠날 삼재이니 한해만 잘 보내라.

24. 대장군방 (大將軍方)

ㄱ. 대장군방은 3년에 한번씩 바뀌는 것이다. 대장군방위는 다음과 같다.

亥子丑 3년간은 서방이다.

寅卯辰 3년간은 북방이다.

巳午未 3년간은 동방이다.

申酉戌 3년간은 남방이다.

위의 방위는 불길하므로 되도록이면 피하라.

제3절 수상 (手相) 과 장래운세 해설

ㄱ. 성공과 실패는 일생을 살아가면서 가장 큰 관심을 받게 되며 성공에는 사회적 명성과 재산 또는 학문에 재질이 있으며 어떤이는 기술개발로써 대성하는 사람등 여러가지 형태가 있다. 그러므로 이런 점에서 볼때 수상술을 신중히 판단하지 않으면 안된다.

ㄴ. 우선 먼저는 성공의 선과 특징을 살펴며, 세밀히 분석해야 한다.

ㄷ. 수상을 살펴봐서 유형적 (有形的), 근로형 (勤勞型), 실행형 (實行型), 활동형 (活童型) 등의 사람이 있는데 이

는 성공의 가능성을 물질적으로도 강하게 지니고 있다.
ㄹ. 수상에 무형적 (無形的)이 있는데 무엇을 생각하는 상
　　이라 할수 있는데 이런분은 철학가, 공상적인 직업, 예
　　술가등에서 많이 볼수 있다.

1) 다음은 수상에서 간단히 보는 5가지 수상 지점이다.

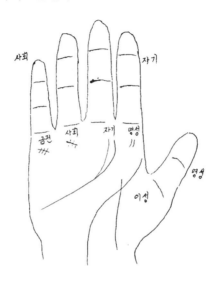

2) 수상의 선 (手相의　線)

　① 金星臺 (금성대)는 성격애정등 정신적 활동을 암시한다.
　② 太陽線 (태양선)은 명성과 신용등을 본다.
　③ 結婚線 (결혼선)은 애정결혼등 이성문제를 본다.
　④ 感情線 (감정선)은 가정운, 애정감정등을 암시한다.
　⑤ 運命線 (운명선)은 운세의 길흉등 사회활동을 본다.
　⑥ 生命線 (생명선)은 수명의 정도, 체력건강 활동력등으로
　　본다.
　⑦ 知能線 (지능선)은 지능의정도 두뇌의 강약, 성격정신능
　　력을 본다.

⑧ 希望線 (희망선) 은 운명선과 태양의 고조적 역활을 본다.

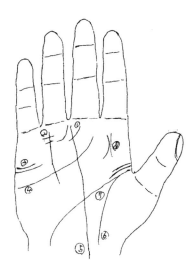

3) 수상의 구 : 즉 언덕을 말하며 손의 구(丘) 는 8개로 구
분되나 살이 있는 정도에 따라 구를 암시하며 강하거나 약한것
또는 그 곳의 선등의 중요한 선이 있다.

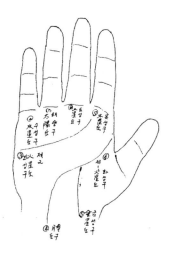

① 太陽丘 (태양구) 는 명랑, 행복성취, 성공, 예술을 의미한다.

② 水星丘 (수성구) 는 지혜, 과학, 실업, 외교, 사교성등을 의미한다.

③ 제2火星丘 (화성구) 는 대담저항, 의사력 등을 의미한다.

④ 月丘 (월구) 는 공상변덕, 상상력등을 의미한다.

⑤ 金星丘 (금성구) 는 애정, 동정, 매력, 화합, 향락, 성욕 물질적운을 의미한다.

⑥ 제1火星丘 (화성구) 는 공격, 원기난폭등을 의미한다.

⑦ 木星丘 (목성구) 는 명예, 권력, 공명, 지배욕 자부심을 의미한다.

⑧ 土星丘 (토성구) 는 냉정 침착 음기 고독등으로 의미한다.

4) 행운으로 다가서는 상

ㄱ. 이런 경우 운명선의 상태에 따라서 행운의 크고 작음을 결정 짓는다.

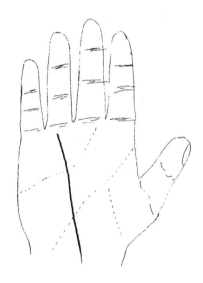

ㄴ. 태양선이 힘차게 출발하여 태양구를 향하였을 경우 이런 사람은 일찍부터 인기와 신용에 의하여 웃사람의 도움으로 행운을 만난다.

ㄷ. 이런분들은 친구의 도움도 많으며 명성과 영화를 누릴
   것이다.

5) 큰 발전을 거듭할 상.

ㄱ. 이런상을 지닌 사람은 손의 형태에 따라서 관계하지 않
   고 크게 발전할 상이다.
ㄴ. 운명선이 뚜렷이 올라와서 두개의 지선이 운명선에서 갈
   라져 상승하는 것이다.
ㄷ. 성공을 한꺼번에 명예와 부를 잡는 격이다.

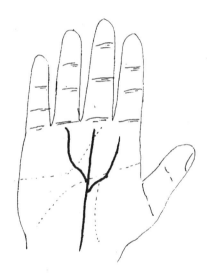

6) 일시적으로 성공하는 상

ㄱ. 발전이 일시적으로 급상승하는 상이로다.
ㄴ. 태양선이 뚜렷하지만 흉상이면 오래가지 못하고 지선이
   면 좋다.
ㄷ. 사회로부터 신망을 받거나 기술을 인정받아 크게 성공
   한다.

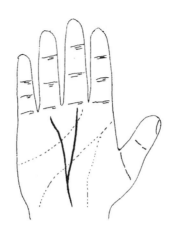

7) 상승하고 위로 향한 상

ㄱ. 손구상에 관계없이 이런분은 대게 뛰어난 체구와 활동으로 행운을 잡는다.

ㄴ. 태양구로 힘있게 뻗어있으며 특별히 순조롭게 발전하여 있다.

ㄷ. 큰 관직이나 지휘등 성공을 나타낸다.

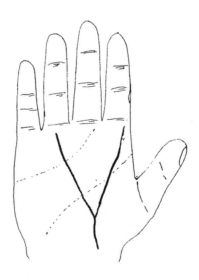

8) 생활에 비해 운세가 저하되는 상

ㄱ. 끊어진 운명선이 매우약하면서 일신상의 변화가 많다.
ㄴ. 운세의 뜻은 이루지 못하고 미끄러지는 상이니 생활의
   곤란이 있다.
ㄷ. 자기의 힘은 있다하나 뜻되로 되지 않으니 실패의 운
   명이다.

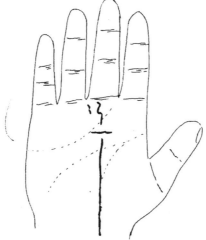

9) 큰 명예와 부가 오르는 상

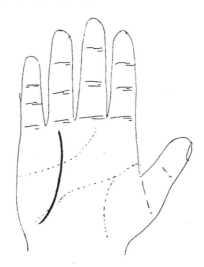

ㄱ. 이렇게 상승하는 사람은 크게 발전하며 남보다 자유업
에 일찍 종사하여 큰 명성을 떨친다.

ㄴ. 물질적이나 정신적으로도 많은 것을 얻을수 있는 상이다.

ㄷ. 힘있게 뻗은 태양선이 길게 쭉 올라가므로 큰 인기를
누릴상이다.

10. 인적으로 명성을 얻는상

ㄱ. 진실성이 있기에 웃 사람과 아래로는 총명을 받아서 신
망에 오르는 상이다.

ㄴ. 청순하지만 명랑하므로 입신하는 격이니 뭇사람의 존경
을 받는다.

ㄷ. 뚜렷한 감정선이 갈라졌으므로 명성을 크게 날리리라.

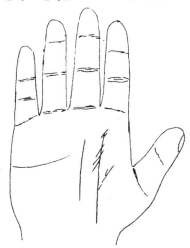

11. 많은 재물을 얻는 상

ㄱ. 사업, 상업, 장사 등에서 큰 재물을 얻는다.

ㄴ. 재능도 많으며 큰 성공을 하여 많은 재물이 들어오는
오복이다.

ㄷ. 생명선이 새끼손가락 끝까지 올라 있으므로 큰부와 명
성에 오르는 상이다.

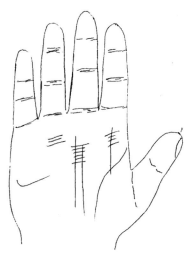

12. 부모의 덕으로 큰 재물을 잡는 상

ㄱ. 이런상의 남자는 친척이나 부모형제로부터 상당히 많은
   재물을 얻는다.

ㄴ. 중지를 향한 생명선이 특이하게 뻗었다 하겠다.

ㄷ. 물질의 혜택과 돈을 잡는 상즉 원조의 큰 혜택이 있으
   므로 앞으로는 많은 재물이 들어온다.

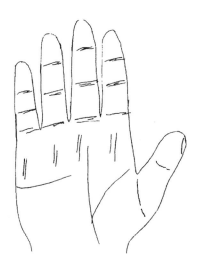

13. 많은 손실을 가져오는 상

ㄱ. 교차된 지능선과 운명선은 외톨이 섬모양을 나타내고 있다.

ㄴ. 운세상에 손실이 많으면서 재물도 궁합이 많은 편이다.

ㄷ. 생각밖에 일이 일어나는 등 뜻에 반대되는 일에 현상이 일어나는 격이다.

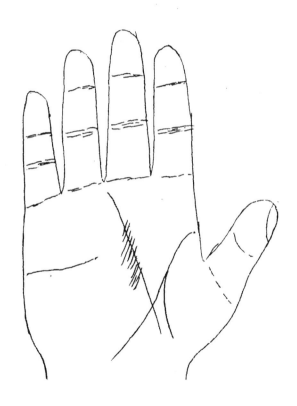

제 6 편 초, 중년운 및 말년운 보는법

제 1 장 해 설

여기에 수록한 초ㆍ중년운 및 말년운 보는 법은 본인이 공부하면서 글의 뜻을 연구하여 발견하고 누구나 쉽게 볼수 있도록 수록 하였으며 보다 세밀하고도 간단 명료하게 한글로 집필하였으며 특수하게 기록하였다. 누구나 도표를 보고 자기가 자신의운을 찾아보기 쉽고 이해가 쉬울 것입니다.

제 1 절 초년운 보는법

① **자년 천귀성 (子年 天貴星) : 쥐띠**

  ◦ 재주가 많으며 총명하여 웃사람의 명망에 올라 일찍 관직에 오른다.
  ◦ 말재주가 좋아서 가는곳 닿는곳마다 봄바람에 따뜻함을 일으킨다.
  ◦ 성품이 곱고 부드러우나 고집이 약간 있는게 드세다.
  ◦ 사업에 손을 되면 크게 성공하며 만일 농사를 하면 재물을 왕창 얻는다.
  ◦ 몸에 살성이 많으니 몸에 재앙이 있을 징조이니 각별히 주의하라.

② **축년 천액성 (丑年 天厄星) : 소띠**

  ◦ 초년에 병이 많아서 몸이 쇠약하니 소년시절에 고생을 많이 한다.
  ◦ 말년에는 크게 되나 병이 몸에서 떠나질 않는다. 고로 심신이 괴롭다.

○ 하늘과 땅을 집으로 삼고 분주히 돌아다니게 되는 운이다.

○ 먹을 음식이 적다 의복이 없으니 고생이요. 하는일은 많으니 날로 고생문이다.

○ 하는 일은 되는게 없으며 뜻밖에 행운이 찾아와서 도우니 크게 되니 잘 처신하라.

③ **인년 천권성 (寅年 天權星)** : 범띠

○ 관록복이 있으니 일찍 학문을 닦으면 크게 관직에 오를 것이다.

○ 사람됨이 준수하고 토성에 금의 재물을 얻는 격이다.

○ 지혜가 총명하고 능력이 있으니 자기의 뜻대로 소원성취하여 부를 누리게 된다.

○ 여자를 조심하지 않으면 도액이 비쳐서 자신의 처지가 천한살이가 될 것이다.

④ **묘년 천파성 (卯年 天破星)** : 토끼띠

○ 본처에 살성이 들어서 해로우니 양처를 거느릴 사주 운세다.

○ 양처를 거느리지 않으려면 수양을 하는 마음으로 차분이 모든 사물에 적응하여라.

○ 분주한 나날을 보내게 되니 고달픈 인생살이 이다.

○ 천금보다 많은 재물을 하루 아침에 탕진할 상이다.

○ 심신을 달래고 노력하면 재앙을 면하고 도리어 복이 온다.

⑤ **진년 천간성 (辰年 天奸星)** : 용띠

○ 처자의 운수가 좋지 못하고 바람을 피워서 집안이 시끄럽다.

○ 임기응변에 능하여 재주가 출세운을 부른다. 예술계에서
크게 성공한다.
○ 이름을 사회에 떨치는 상이니 사방의 부러움을 사게 된
다.
○ 집안에 금은보화에 재물복은 많다. 그러나 남을 위해 접
선을 아니하면 크게 낭패하리라.

⑥ 사년 천문성 (巳年 天文星) : 뱀띠

○ 학문에 뛰어난 재능을 갖추고 있으며 예능에 능한다.
○ 하나를 배우면 열을 깨닫는 노력가 이기에 항상 좋은 직
업에 스카웃 된다.
○ 부귀영화이나 부부궁이 나쁘니 자식문제로 눈물을 많이
흘리게 된다.
○ 몸체가 아름답고 화색이 좋아서 항상 귀부다운 면이 있
다.
○ 행동으로 인한 어리석음을 범하게 된다.

⑦ 오년 천복성 (午年 天福星) : 말띠

○ 집안에 금은보화가 가득히 쌓여 있다. 항상 재물이 따
르므로 금의 옥식하고 살 팔자로다.
○ 덕망이 있고 사회에 이름을 떨치리니 집안에 화목이 감
돌다.
○ 의기 양양하며 가는곳마다 충풍이라 하겠다.
○ 잘못 실수를 범하여 중이되기 쉬우니 각별히 조심을 기
하라.

⑧ 미년 천역성 (未年 天驛星)

○ 운성이 약하여 재물이 궁하니 항시 동분서주 하리라.

-175-

○ 실속이 없고 일을 저질러서 끝 마무리를 처리 못하는 편이다.
○ 밖에서 모든것이 잘되어가나 집안에서는 근심걱정만 생기게 된다.
○ 재주는 있으나 고집이 세다.
○ 부귀하게 살 수는 있으나 고집 때문에 실패를 초래하게 된다.

⑨ 신년 천고성 (申年 天孤星) : 원숭이띠

○ 출생부터 운액이 돌었으니 고독한 상이다.
○ 자식운은 좋으나 실패수요. 고난격이다.
○ 술을 멀리하고 여색을 멀리하라. 그렇지 않으면 큰 낭패수에 처한다.
○ 소년시절은 큰 병액이 많으나 차츰 나아간다.

⑩ 유년 천인성 (酉年 天刃星) : 닭띠

○ 운성에 액이 들었으니 부부궁이 좋지 않다.
○ 몸에 흉터를 많이 지니게 되므로 몸을 각별히 주의하라.
○ 살림에는 곤란이 일고 실패수가 많으니 어려움을 벗어나기가 어렵다.
○ 여러 사람과 어울려서 대인 관계를 넓히는게 좋으며 사소한 고집을 피우면 실패액이 들어 파란을 초래한다.

⑪ 술년 천예성 (戌年 天藝星) : 개띠

○ 일찍 예술성에 능하여 화가로서 사방에 이름을 날리우리라.
○ 하나를 알면 끈기있게 노력하는 사람이므로 충출하여 모범수다.

○ 노래를 잘하며 연애에도 능하여 그림에 만능 재주꾼이
다.

○ 일생동안 먹을것이 많으며 집안에 화목이 감돌것이다.

⑫ **해년 천수성 (亥年 天壽星) : 돼지띠**

○ 장수할 팔자로다 운성에 의복과 재복이 있드라도 중년에
상처할 팔자로다.

○ 조금씩 쌓아서 이루어 놓으니 해마다 살림이 늘려나간
다.

○ 앞으로 농사를 지으면 크게 발전하여 큰 부자가 되리
로다.

○ 욕심을 부리다가 흉성이 범하여 도리어 걸인이 되기쉽
다.

제 2 절   중년운 보는법

① 쥐띠생년이 11월생이라면 〈년〉에 子에서 옆의줄 11 월
달을 보면 답은 〈월천예성이다〉 다음 페이지에서 월천예
성을 보라.

생년 \ 월건성	월건귀성	월건액성	월건권성	월건파성	월건간성	월건문성	월건복성	월건역성	월건교성	월건인성	월건예성	월건수성
子〈자〉	1月	2月	3月	4月	5月	6月	7月	8月	9月	10月	11月	12月
丑〈축〉	12月	1月	2月	3月	4月	5月	6月	7月	8月	9月	10月	11月
寅〈인〉	11月	12月	1月	2月	3月	4月	5月	6月	7月	8月	9月	10月
卯〈묘〉	10月	11月	12月	1月	2月	3月	4月	5月	6月	7月	8月	9月
辰〈진〉	9月	10月	11月	12月	1月	2月	3月	4月	5月	6月	7月	8月
巳〈사〉	8月	9月	10月	11月	12月	1月	2月	3月	4月	5月	6月	7月
午〈오〉	7月	8月	9月	10月	11月	12月	1月	2月	3月	4月	5月	6月
未〈미〉	6月	7月	8月	9月	10月	11月	12月	1月	2月	3月	4月	5月
申〈신〉	5月	6月	7月	8月	9月	10月	11月	12月	1月	2月	3月	4月
酉〈유〉	4月	5月	6月	7月	8月	9月	10月	11月	12月	1月	2月	3月
戌〈술〉	3月	4月	5月	6月	7月	8月	9月	10月	11月	12月	1月	2月
亥〈해〉	2月	3月	4月	5月	6月	7月	8月	9月	10月	11月	12月	1月

생년에 띠는 다음과 같다.

子	丑	寅	卯	辰	巳	午	未	申	酉	戌	亥
쥐띠	소띠	범띠	토끼띠	용띠	뱀띠	말띠	양띠	원숭이띠	닭띠	개띠	돼지띠

② 월천귀성 (月天貴星)

- ○ 선천의 덕이 많아서 많은 재물을 물려받았으니 뒤로는 도적이 이르는 상이다.
- ○ 만물이 소생한것 처럼 모든 일이 잘되며 자손도 번창한다.
- ○ 중년에 들어서 망신수가 들어오니 파산위기에 놓인다.
- ○ 일시적 고통이 있다하여도 곧 큰 부귀에 다시 오르는 상이니 그야말로 이상격이다.

③ 월천액성 (月天厄星)

- ○ 초년에 어려움이 많았으나 차츰 나아진다. 그러나 중년에도 병액은 떠나지 않고 있다.
- ○ 중년운세는 눈덮인 골짜기에 새봄이 오는 격이니 올라서는 운수이다.
- ○ 성공은 하나 남으로 인해서 해를 입는다. 그야말로 하루아침에 파산하는 수이다.
- ○ 마음은 항상 노력하는 입장에서 처음 다시 시작하는 마음을 가지라.

④ 월천권성 (月天權星)

- ○ 웃사람을 존경하고 아랫사람을 잘 다스린다.
- ○ 만인을 통솔하게 되며 운명에 장수할 팔자이니 고귀한 운명이도다.

○ 너무나 오랜세월을 권세에 있었으니 어찌하여 끝까지 바라는가 이제 도중에 하차할 시기이다.
○ 운수가 쇠약하니 좌절감에 휩싸이게 된다. 고향을 떠나서 타향에 가서 다시 한번 시작하라.

⑤ 월천파성 (月天破星)

○ 파란이 일어 고향에는 있을수 없으니 고향을 떠나서 타향에 가서 크게 운명의 발전을 하리라.
○ 자수성가 하면서 귀인만나 큰 부귀를 누릴것이다.
○ 살림이 점차로 늘고 넉넉하게 되나 그 고집 때문에 실패의 운이 비친다.
○ 항상 욕심을 버리고 심신을 달래라.

⑥ 월천간성 (月天奸星)

○ 운세가 불길하여 고난이 일고 고생이 심하다.
○ 고로 운세에 비해 빨리 성공하려면 술장사를 하라. 그리하면 큰 재물을 얻으리라.
○ 장사를 하면 천금이 손에서 놀게 되리니 큰 부자다.
○ 입을 잘못 놀려서 재액을 자기가 부르니 이는 믿는 도끼에 발등을 찍히는 격이다.
○ 남을 믿으면 얻은금도 다 잃어버린다.

⑦ 월천문성 (月天文星)

○ 만인의 병을 고치고 운명에 고통을 어루만져주는 의사의 직업을 갖게 되는데 큰 명망에 오를 것이다.
○ 생활은 편안히 지낼것이며 중년에 직업을 변동하여 직장에서 상사일을 맡게 되리라.
○ 일시적으로 파산을 당하여 고생을 하나 곧 50전에 다시 부귀하게 될 것이다.

⑧ 월천복성 (月天福星)

○초년에 고생했다 하여 좌절하지 말라. 중년부터 발복하여 재물이 들어 오리라.
○마음을 정직하게 욕심을 버리면 자손에 후손까지 명망과 재복이 갈 것이로되 만일 욕심을 채우려 하면 곧 파산한다.
○행동을 잘못하면 옥살이 들어서 평생 고독하게 살며, 햇빛을 볼수 없을 것이다.

⑨ 월천역성 (月天驛星)

○집에 있으면 곤액이 있으니 마음이 산란하다. 그러나 밖으로 나가면 활발해지며 곧 세운뜻을 이룩하리라.
○옷과 의식은 넉넉하리다만 남을 위해 다 날릴수니 항상 재물에 신경을 쓰라.
○고향을 떠나서 많은 재물을 얻으며, 빈주먹으로 내집을 마련한다.
○앞으로 큰 관직에 오르거나 명예직에 오를 상이다.

⑩ 월천고성 (月天孤星)

○부모와 인연이 없으니 일찍 여의며 홀로 탄식하게 된다.
○동서남북을 봐도 친척은 하나도 없으니 고생이 심히 일어난다.
○운세는 해가 지는것처럼 저물어가나 노력을하여 사방으로 뛰어 다니므로 뜻밖에도 재물을 얻는다.
○중년을 지나서야 큰 권세를 누리게 될것이다.

⑪ 월천인성 (月天刃星)

○노력을 하고 심신이 착하므로 가는곳마다 공이 있게 된다.

○ 몸에 일찍이 입은 흉터가 있으니 앞으로도 그럴수 있으니 몸을 조심하되 벼랑등을 조심히 하라.
○ 또한 개를 조심하고 산에 짐승을 조심하여야 한다. 말년은 태평히 지낼수 있을 것이로다.

⑫ 월천예성 (月天藝星)

○ 예술에 능하여 일찍 예술계에서 이름을 떨치리니 이는 노래로써 사방에 명예를 얻으리라.
○ 만일 뜻하지 않게 예술계가 싫으면 사업에 손을 데어 공업으로 큰 명성에 오를 것이다.
○ 중년에 한번은 실패하나 곧 일어선다. 말년에 안락한 생활이 되리니 일생의 후분은 영화롭다.

⑬ 월천수성 (月天壽星)

○ 소년시절에 질병이 많아서 고생을 많이하나 운세가 차츰 밝아오니 세월에 비해 빨리 성공한다.
○ 중년은 너무나 크게 성공을 거둔다. 하더라도 말년에 한번은 큰 관액이 들어오므로 파란을 당할것이다.
○ 그러나 아랫사람의 덕으로 다시한번 일어서게 되는데 욕심을 버려야 된다.

제 3 절 말년운 보는법

① 당신이 쥐띠라면 태어난 시간을 옆줄에서 찾으면 된다. 즉 쥐띠 표시생이면 (시천액성) 이 당신의 말년운세이다. 자기의 출생시간을 잘모르는 분은 제 5 절 1 항에 기재되어 있다.

성천시행 생일천성	시천 귀성	시천 액성	시천 권성	시천 파성	시천 간성	시천 문성	시천 복성	시천 역성	시천 교성	시천 인성	시천 예성	시천 수성
쥐 띠	子시	丑시	寅시	卯시	辰시	巳시	午시	未시	申시	酉시	戌시	亥시
소 띠	亥시	子시	丑시	寅시	卯시	辰시	巳시	午시	未시	申시	酉시	戌시
범 띠	戌시	亥시	子시	丑시	寅시	卯시	辰시	巳시	午시	未시	申시	酉시
토끼띠	酉시	戌시	亥시	子시	丑시	寅시	卯시	辰시	巳시	午시	未시	申시
용 띠	申시	酉시	戌시	亥시	子시	丑시	寅시	卯시	辰시	巳시	午시	未시
뱀 띠	未시	申시	酉시	戌시	亥시	子시	丑시	寅시	卯시	辰시	巳시	午시
말 띠	午시	未시	申시	酉시	戌시	亥시	子시	丑시	寅시	卯시	辰시	巳시
양 띠	巳시	午시	未시	申시	酉시	戌시	亥시	子시	丑시	寅시	卯시	辰시
원숭이띠	辰시	巳시	午시	未시	申시	酉시	戌시	亥시	子시	丑시	寅시	卯시
닭 띠	卯시	辰시	巳시	午시	未시	申시	酉시	戌시	亥시	子시	丑시	寅시
개 띠	寅시	卯시	辰시	巳시	午시	未시	申시	酉시	戌시	亥시	子시	丑시
돼지띠	丑시	寅시	卯시	辰시	巳시	午시	未시	申시	酉시	戌시	亥시	子시

② 시천귀성

○ 평상에 앉아서 바둑과 장기로 세월을 보내는 격이로다.
○ 봄에 피는 꽃이 집안에 가득하니 항상 화목하게 세월을 약으로 삼고 안락하게 살 것이다.
○ 집안에 웃음이 떠나질 않는다. 고로 행복한 말년을 보내며 영화롭게 지내리라.
○ 흉한일이 없으며 만사가 대통하리니 자손도 금의양양하리다.

③ 시천액성

○ 뒤에는 강이요. 앞은 태산이 가로 막고 있으니 큰액이 앞으로 당도하였다.
○ 단것을 좋아하니 쓴것이 약이 되는 것도 모르고 버리니 그야말로 자기가 자신을 버리는 격이다.
○ 일생이 흐르는 물과 같은데 한번은 슬프고 한번은 기뻐서 날뛴다.
○ 먼저는 손해가 있더니 말년은 이익되어서 돌아온다.

④ 시천권성

○ 말년수는 만사가 형통이라 좋은 땅을 사놓으면 큰 부자가 된다.
○ 복과 재물이 이제서야 들어오게 되니 말년은 후하게 살게 되는 것이나 한번의 실수가 과거의 아픔을 다시한번 부를수 있으니 각히 조심하라.
○ 이제 운세는 뜻과 같이 이루어지니 만사가 아름답다 하겠다.

⑤ 시천파성

○ 말년에 들어서면서 되는일이 없고 재액이 침범하여 큰 낭
 패에 시달리게 되리로다.
○ 중년까지는 좋았으나 이제 운세는 쇠약해지고 뜻은 있으
 나 이루워지지 않는다.
○ 우연히 귀인이 와서 도우니 잠시나마 말년을 편안히 보
 내리라.
○ 고기와 용이 물을 얻는것 같이 늦게야 빛이 나게 되리라.

⑥ 시천간성

○ 평생을 살아 오면서 남의 일에 찬견이 많으며 고난이 많
 않다. 온갖 재주를 다 부려도 잃은것이 많고 들어오는 것
 은 없으며 항상 편안하지 못하드라.
○ 말년에 와서 술과 여색을 좋아하므로 그로인하여 패가
 망신하여 곤액에 처하게 된다.
○ 재물과 의복이 있으나 본인이 잘못처리하여 큰 곤란을 초
 재하고 액을 면하지 못한다.

⑦ 시천문성

○ 시를 쓰고 학문을 닦은 기량이 말년에 와서야 크게 발복
 하여 명예수에 오르니 집안에 경사가 많도다.
○ 고향을 떠나서 살아도 말년에는 모두들 찾아와 다정다감
 하게 지내리라.
○ 천하에 비할바 없는 명예와 영화를 누리며 큰 재물을 얻
 어 후손에게 물려주게 된다.

⑧ 시천복성

○ 사방에 이름을 날리고 호주머니에 금은보화를 가득히 담

고 고향으로 돌아오니 모두들 반가이 맞이하여 잔치를
벌인다.
- 빛이나고 만사가 뜻대로 되는지 어찌 아니기쁘랴.
- 말년에 와서 기쁨이 넘치고 경사가 문으로 들어오니 휘
황찬란한 영화로다.

⑨ 시천귀성

- 살아온 과정이 힘에 벅차게 뛰어왔으나 초 . 중년을 너무
급히 오느라. 앞을 안보고 왔으니 이게 어찌된 일인가
이제와서 앞을보니 두길이 있는데 어느쪽을 갈것인가? 망
설이게 된다.
- 말년의 운세가 열번살고 아홉번 죽는 격이다. 두 여자를
거느리게 되나 뜻과 같이 되지는 않는다.

⑩ 시천고성

- 중년은 그럭저럭 잘 살았으나 말년에 와서 되는일이 없
다.
- 깊은 산골짜기에 홀로 서있는 소나무와 같은 것이다.
- 사방으로 돌아다리면 조금은 안락을 누리며 편히 살수있
을 것이로다.
- 열심히 노력해야 깊은 골짜기에 따뜻한 햇살이 들어오게
될 것이다.

⑪ 시천인성

- 자신이 저질러 놓은 일이 잘못하여 자신을 낭패하게 만든
다.
- 내가 파놓은 굴속에 내가 들어가게 되는 격이니 그야말로
어리석은 사람이다.

○ 하늘과 땅을 집으로 삼고 외롭게 지내게 되리니 심신을
달래고 선심을 베풀어라.

⑫ 시천예성

○ 소원이 성취되고 중년은 부자로 크게 각광받고 살았으나
말년에 와서는 목마른 사슴과 같은 입장에 놓인다.
○ 한때는 의복이 넉넉하였으나 심성이 악하여 그죄의 값을
치르게 되리니 심신을 달래고 남에게 미리 선심을 하여
복록을 받도록 하라.

⑬ 시천수성

○ 수많은 고난을 이기고 이제야 빛을 본다. 산전수전 다
겪고나니 이제는 부러울께 없으니 이야말로 말년에 대통
하는 운세이다.
○ 무엇과도 바꿀수 없는 지난날의 고생이 이제 복으로 돌
아오니 이는 노력의 댓가이다.
○ 말년에는 자손도 훌륭히 되어 효도받고 크게 명망을 떨
치며 살게 되리라.

제4절 부작법 수록

1) 사업확장부

사업이 부진하여 일에 장해를 받거나 매사에 말썽이 일때
이 부적을 작성하여 사업장에 붙여두면 자연 손님이 많아지
고 말썽도 생기지 않는다.

1) 사업확장부

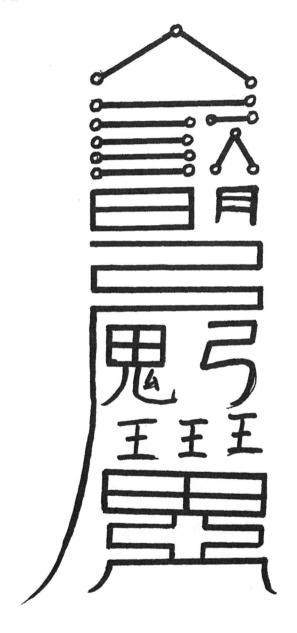

2) 지출방지부 (飛廉符)

생각하지 않았던 일이 발생하여 손재를 입거나 손해를 보면은 이 부적을 써서 집 사방에 붙여 두라.

그러면 吉하여진다.

3) 손재방지부 (損財防止符)

집안에서 필요하지 않는 일로 또는 손재가 따르고 나날이 우환이 일어날때 이 부적을 작성하여 붙여 두면 백일후 자연 吉하여질 것이다.

4) 손재예방부 (損財豫防符)

경영하는 사업이 잘되지 않고 말썽만 일어나고 지출이 많을때 이 부적을 써서 몸에 지니면 모든일이 잘 진행 될 것이다

5) 재산구부 (財産救符)

사업에 실패한 사람이 이부적을 안방문위 붙여두거나 몸에 지니면 자연히 회복되어 사업이 흥앙해 진다.

6) 재산입부 (財産入符)

경영하는 사업이 실패
했던가 부진할때는 이부
적을 사업장에 1장을 붙
이고 1장은 몸에 지니면
모든 재산이 들어온다.

7) 인덕길부 (人德吉符)

사업에 동업하는 자가
필요할때 동업자와 자주
뜻하지 않는 충돌이 일
어나 마음의 일치를 보
지 못할때 이 부적을 써
서 몸에 지니면 길해진
다.

8) 재수대길부 (財數大吉符)

사업이 부진하거나 일
이 꼬일때는 이 부적을
1장은 현재 살고 있는
내실문위에 붙이고 1장
은 몸에 지니면은 길하
여지며 재복이 들어온다.

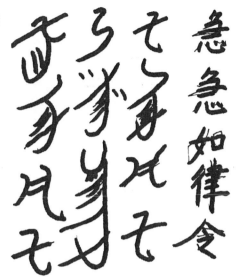

9) 재수대길부 (財數大吉符)

사업하는 사람이 이부
적을 사업장에 붙여두면
발전을 거듭하여 사업이
길하여진다.

10) 만사대통부

입춘일 입춘시에 이
부적을 몸에 지니고 다
니면 만사가 대통해지
며 집안에 붙여두어도
길해진다.

11) 초재지부 (招財之符)

사업이 잘 되지 않을
때 이부적을 사업장소
에 1장 붙여두고 1
장을 몸에 지니면 사
업에 흉한것이 물러가
고 자연히 길해진다.

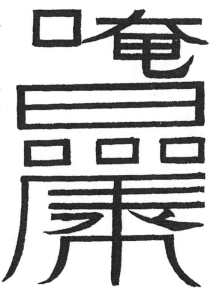

12) 재수지부 (財數之符)

이사를 잘못하였거나 흉신이 (凶神) 침범하여 재수운이 막혀 모든일이 뜻대로 되지 않을때 이 부적을 내실문위에 붙여두면 길해진다.

13) 집안 안정부

병액이 들어 집안에 이유없이 아프거나 질병으로 집안식구가 고생할때 이 부적을 써서 내실 문위에 붙이거나 실외 문위에 붙이면 악운이 침범하지 못한다.

14) 소원성취 녹존부 (綠存符)

이 부적을 써서 몸에 지
니고 다니면 소원이 이루
워지고 인술생이 (寅戌) 휴
대하면 더욱 길해진다.

15) 문곡부 (文曲符)

마음먹은 일이 뜻대로
이루워지는 부적이다.
묘유 (卯酉) 생이 몸에 지
니면 소원이 이루워진다.

16) 염정부 (廉貞符)

이 부적을 辰申〈진신〉 생이 몸에 지니고 다니면 은 소원이 이루워지고 뜻 의 일이 이루워진다.

17) 무곡부 (武曲符)

巳未〈사미〉생이 이부적 을 써서 몸에 간직하고 다 니면 소원이 성취되는 부 적이다.

18) 거문부 (巨門符)

이는 소원성취 부적인데 丑亥〈축해〉생이 몸에 지니고 다니면 길해진다.

19) 파군부 (破軍符)

본부적을 작성하여 午〈오〉생이 몸에 지니고 다니면 소원이 이루어진다.

20) 학업부 (硯台符)

학업에 지장이 생기고 성적이 떨어질때 정신집중을 하려면 이부적을 써서 몸에 간직하면 학업성적이 좋아진다.

21) 자녀양육길부 (興旺星符)

본부적을 작성하여 내실문위에 붙여두면 자녀양육에 지장이 없으며 자녀방 머리있는쪽 벽에 붙이면 무사히 성장한다.

22) 집이나 토지 잘 팔리는 부

자이부 (自移符) 집이나
토지를 잘 팔리도록 경면
주사로 써서 내일 문위에
붙이면 소원대로 매매가
성사된다.

23) 집 잘 팔리는 부

집을 팔려고 하여도 원
매자가 없을때 이 부적을
써서 팔고져하는 건물이나
집에다 보이지 않는곳에
붙여두면 곧 매매가 이루
워진다.

24) 실물을 찾는 부

잃어버린 물건을 찾고
져 할때 ○○여기에 물
건 이름을 쓰고 속히
오라고 기도하면 곧 나
타나 찾을수 있다.

25) 당첨소원부

이부적을 경면주사로
2장써서 1장은 청결
한 곳에 붙이고 한장은
몸에 지니고 추첨 장소
에 나가면 유리하게 소
원대로 된다.

神福大明

神壽福神

26) 소원성취부 (所願成就符)

이 부적을 경면주사로 써서 누구나 몸에 지니고 다녀도 무방하다. 숭신부와 만사형통부를 함께쓰면 더욱 좋을 것이다. 또한 1장씩 몸에 가지고 다니거나 잠잘때는 베개속에 넣고 항상 사용하면 100일안에 자기의 소원이 이루워질것이다. 〈베개속에는 붉은 헝겊으로 싸서 넣어야 한다〉

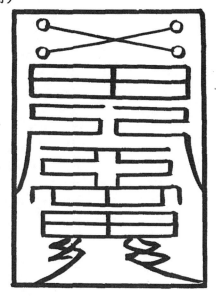

27) 교통사고 방지부 (鎭輗神符)

교통사고를 예방하기 위해서 본부적을 항상 몸에 지니고 다니면 교통사고를 예방하고 특히 운수업이나 해양업에 종사하는 분은 모든일이 더욱 길해진다.

28) 교통사고 방지부

위험한 사고를 미년에
방지하고져 본 부적을 자
신의 몸에 간직하여라.
특히 추락등 위험으로부
터 방지하여 줄 것이다.

29) 삼재제부 (三災諸符)

사람은 누구나 삼재가
드는데 이때 부적을 작
성하여 1장은 대문이나
내실문위에 붙이고 1장
은 몸에 지니고 다니면
삼재를 면한다.

30) 삼형-육해부 (三刑六害符)

삼형 육해살이 사주나 신수에 있으면 관재 및 자살등이 일어나므로 이 때 경면주사로 이 부적을 써서 내실 문위에 붙이거나 몸에 간직하면 그 액을 면한다.

31) 삼살방위부 (三殺方位符)

이사를 잘못하여 삼살방위로 갔을 경우 이 부적을 작성하여 집 네귀에 붙이면 집안 우환을 미연에 방지한다.

32) 구설송사부 (口舌訟事符)

금전 또는 사업거래 등
일로 송사가 발생했거나
구설이 들때 이 부적을
몸에 지니면 본인에게 유
리한 결과가 이른다.

33) 송치액부

일에 말썽이 생겨서
송사가 발생했을때 내
실문위에 본 부적을
붙여두면 안된 일도 잘
해결된다.

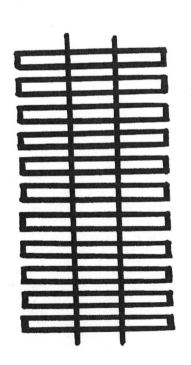

34) 관재부

신수를 봐서 관재구설이 들거나 관액이 들었을때 이 부적을 사용하라 그러면 큰 효험이 있을 것이다.

35) 시비 소멸부

勝冐鬼尸鬼急急如律令

36) 관재구설 소멸부

37) 도액부

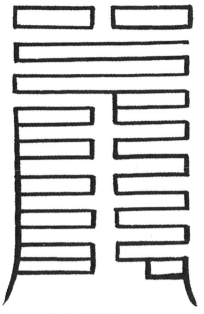

38) 소송부

39) 신주형부

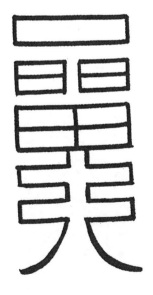

40) 관재 소멸부

41) 들어오는 삼재부 (入三災符)

부 록

인상학적으로 본

✚ 건강(健康)과 장수운(長壽運)

　건강운이란 그 사람이 타고난 본래의 건강 상태나 각 기관 중에서 선천적으로 약한 곳은 어디냐를 보는 곳이다. 그리하여 건강 관리나 장수에 결부시킬 수 있다.

　인상에서는 수명운도 보지만 수명과 건강은 곧 같은 것은 아니다. 그렇게 건강한 사람이…라고 하게 될 불의의 사태는 언제 일어나게 될지 모르는 것이다. 다만 그 사람이 본래 장수할 사람인가? 병약한 사람인가? 또는 부상이나 재난의 조짐을 살펴 알 수 있는 것이다.

　건강운을 보려면 먼저 얼굴 모양에 의하여 그 사람의 약점이나 앓기 쉬운 질병을, 다음에는 각 부위를 보아서 그때의 건강 상태, 병상(病狀)을 판단한다.

● 얼굴형에 의하여 건강운을 보는 법

네모진 형 — 무른 형

보기에도 늠름하고 믿음직한 몸으로서 운동 신경 발달형이다. 각 기관이 튼튼하지만 지나치게 기운을 믿다가는 갑작스럽게 종명할 염려가 있다. 운동 부족이 대적(大敵)으로서 특히 몸을 너무 움직이지 않는 직종인 사람은 스포츠나 체조에 힘써주기 바란다. 스포츠 선수가 운동 중에 일으키는 고장 신경통 등이, 네모진 형의 대표적인 질병이다.

중년 이후 운동 부족에서 비만 증세가 나타나기 쉬우므로 주의하여야 하겠다.

역삼각형 — 신경 과민형

보기에도 갸냘프고 연약한 몸집이다. 모든 내장기가 약하고 영양의 흡수가 나쁜 까닭에 위하수 신경성위염 등이 대표적인 질병이다. 마른 반면에 대식(大食)의 특징이 있게 될 우려가 있다.

이외로 심장은 튼튼하지만 안색도 창백한 까닭에 전반적으로 약해 보인다.

둥근형 — 과식형(過食型)

통통하고 작으만해서 보기에도 대식(大食)할 몸집으로 소화기 발달형이다. 잘 먹고 살이 잘 찌므로 먹는 것이 영양으로 흡수됨을 나타낸다.

다만 위장이 튼튼한 까닭에 과식으로 인하여 도리어 위장에 고장이 일어날 우려가 있는 형이다.

심장병, 고혈압에 주의가 필요하다.

심성질

근골질

영양질

평면 복합(平面複合)에 의한 얼굴형의 건강운

얼 굴 형	강 점(強 點)	약 점 (弱 點)
장 4각형	심장	신경계통 내장(심장을 제외) 허리 어깨
5각형	심장 다리 허리	신경계통, 스트레스병
6각형	내장	신경 계통 류마치스 자율신경실죄증, 호흡기계
타원형	평균적	홀몬의 밸런스에 주의
아래쪽이 살이많다	위장	고혈압 당뇨병 신장 폭음 폭식에 의한 설사 등
8각형	평균적	평균적

그 밖의 얼굴형

평면 복합에 의한 그 밖의 얼굴형의 특징을 일람표로 간추려 놓았다.

● 각 부위에 의하여 건강운을 보는 법 — 소인형상법 (小人刑相法)

각 부위에 의한 건강운은 그 형상과 함께 색깔이나 고상(枯狀)을 본다. 고상이란 윤기나 힘이 없는 형태를 가리킨다.

인상학에서는 고래로 소인 형상법이라는 방법이 많이 활용되고 있다. 얼굴 각 부위에 몸을 압축시켜 적용함으로써 인상을 통하여 몸의 건강 상태를 알려는 의도이다. 얼굴의 어느 부위의 색이 나쁘거나 흠이 생기게 되면 그것에 상응하는 몸의 부위에 주의 할 필요가 있다. 또 얼굴의 어디엔가 있는 점은 반드시 거기에 상응하는 몸에도 점이 있다고 본다.

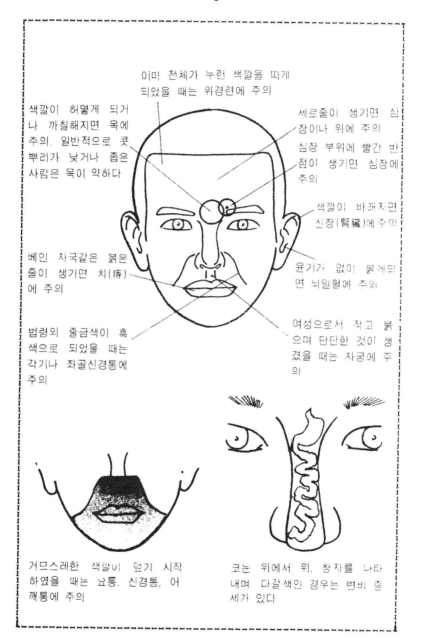

이마 전체가 누런 색깔을 띠게
되었을 때는 위경련에 주의

색깔이 허옇게 되거
나 까칠해지면 목에
주의. 일반적으로 콧
뿌리가 낮거나 좁은
사람은 목이 약하다

세로줄이 생기면 심
장이나 위에 주의

심장 부위에 빨간 반
점이 생기면 심장에
주의

색깔이 바래지면
신장(腎臟)에 주의

베인 자국같은 붉은
줄이 생기면 치(痔)
에 주의

윤기가 없이 붉게되
면 뇌일혈에 주의

법령의 줄금색이 흑
색으로 되었을 때는
각기나 좌골신경통에
주의

여성으로서 작고 붉
으며 단단한 것이 생
겼을 때는 자궁에 주
의

거므스레한 색깔이 덮기 시작
하였을 때는 요통. 신경통. 어
깨통에 주의

코는 위에서 위. 장자를 나타
내며 다갈색인 경우는 변비 증
세가 있다

소인형상법(小人形相法)　남성용(男性用)

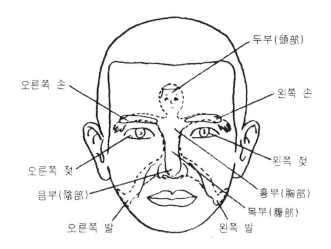

역소인형상법(逆小人形相法)　여성용(女性用)

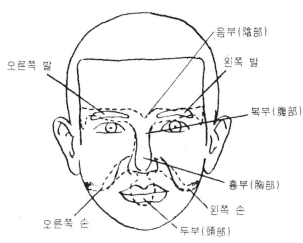

✚ 장수할 인상 (長壽相)

다음과 같은 포인트가 많을
수록 장수한다.

① 두꺼운 피부.

② 높은 눈썹 두덩 긴 눈썹
털. 특히 유난히 긴 털이 두
세개 자라나 있는 것이 상상
(上相)이다.

③ 크고 긴 귀. 귀의 각 부
위도 잘 생겼고 귀의 살이 두
꺼운 것이 필요 요건이다.

④ 귓구멍의 털. 이호(耳
豪)라 하며 40세 이후가 되어
서 털이난 것을 말한다.

수골과 수반은 장수상

⑤ 귀 뒷면의 뼈가 높다. 귀뿌리의 뒤쪽에 있는 뼈를 수골(壽
骨)이라 하며 높으면 상상(上相)이라 본다.

⑥ 살집이 좋고, 단단하며 납작한 모양의 코.

⑦ 길고 뚜렷한 인중.

⑧ 약간 가늘고 긴 눈.

⑨ 깊고 뚜렷한 인중.

⑩ 큰입, 튼튼한 치아.

⑪ 50세 이후의 피부의 얼룩점. 수반(壽班)이라 한다.

⑫ 미간이 넓다.

✚ 병약한 인상

다음과 같은 포인트가 많을
수록 병약하다.

① 두터운 맛이 없는 얼굴.
운세도 생명력도 약한 사람이
다. 특히 아랫턱이 정면으로
보든 옆으로 보든 어느쪽으로
보더라도 삼각형인 경우는 단
명이다.

② 엷고 작은귀. 오장(五臟)
이 약한 사람이다. 특히 위에
주의할 것.

③ 눈썹이 짧거나 엷다. 신
장에 주의할 것.

삼각형의 아래턱은 단명상

④ 콧뿌리가 낮다. 호흡기계, 심장에 주의할 것.

⑤ 가늘고, 높은 코. 폐(肺)등의 호흡기계에 주의할 것.

⑥ 크고 둥글며 또렷한 눈. 심장이 약하고 맥박이 빠른 사람
이다.

⑦ 엷고 허연 입술. 빈혈증이 있다.

⑧ 인중의 점. 남녀 다함께 단명상의 하나이다. 여성인 경우
는 자궁의 질환이 있을 것 같다.

✚ 사고나 천재(天災)를 당할 인상

본질적으로 이러한 인상은 없다. 다만 사고 등에 조우(遭遇)
할 조짐이 얼굴에 나타날 뿐이다.

① 코에 붉은 사선(斜線)이 달린다. 부상을 당하거나 사고에

조우할 조짐이다.

② 명궁(命宮)의 붉은 반점이나 사선(斜線). 천재(天災), 대사고에 조우할 조짐이다.

✚ 소화기계가 약한 인상

① 코 끝이 쳐져 있다. 설사를 하기 쉽다.

② 코에 담흑색(淡黑色)이 생기다. 위쪽 콧뿌리에서 3분의 1까지 사이에 생기면 위, 아래쪽 3분의 2사이라면 장이 나쁜 것을 나타낸다.

③ 볼에 세로줄. 위의 하부에서 장에 걸쳐서 약하고 변비가 되기 쉽다. 게다가 코에도 담흑색이 생겨 있으면 꽤나 심한 변비로 고통을 받고 있음을 나타낸다.

✚ 심장이 약한 인상

심장과 그 사람의 감정과는 밀접한 관계에 있고 불안을 느끼면 동계(動悸)도 심해진다. 그런 의미로 마음이 조급한 사람, 과로한 사람, 신경증의 사람 등은 심장에도 요주의라고 할 수 있다.

① 미두(眉頭)상부(특히 좌측)에 1센티 이하의 볼록. 이 위치는 심장을 나타내며 거기에 붉거나 보라빛 색깔이 생기면 급성의 위험이 있다.

심장을 나타내는 미간 부근

안정하도록 주의하기 바란다.

② 미간 또는 눈과 눈 사이가 좁다. 필연적으로 콧뿌리가 가늘어진다. 어느 것이나 심장이 약하고 마음도 약하다.

③ 미간에 1~3가닥의 세로줄. 신경질인 사람으로 마음에 여유가 없으므로 안절 부절하여 심장도 나쁜 사람이다.

✚ 간장이 약한 인상

간장이 나쁘게 되면 황달에 걸리기 쉽고 얼굴 전체가 누렇게 된다. 마르거나 비만증이거나 관계없이 피부가 성긴 사람에게 많다.

① 눈이 음푹 패이고, 광대뼈가 나와 있다.

② 볼에 그물의 눈금같은 모세혈관이 나와 있다. 술을 마시는 사람에게 많고 거기에서 간장으로 옮아가게 된다.

③ 광택이 없고 누른 색깔의 흰자위. 누른 색깔이 강해지면 황달의 조짐이다.

✚ 비뇨기계가 약한 인상

① 법령의 안쪽에서 아랫턱에 걸쳐서 담흑색이 생긴다. 냉증(冷症)이 원인이 되어 생긴 것이다.

② 콧망울이 깨끗하지 못하다. 콧망울은 남녀 다 함께 성기의 일부를 나타낸다. 성병 등에 걸리면 거기가 적다

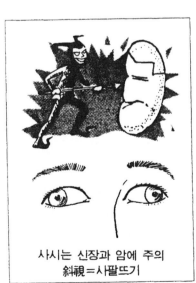

사시는 신장과 암에 주의
斜視＝사팔뜨기

색(赤茶色)으로 변하거나 까
칠한 느낌을 주기도 한다.

③ 너무 가느다란 인중. 선천적으로 비뇨기계가 약한 사람이
다.

✚ 신장(腎臟)이 약한 사람

① 귀의 색깔이 담흑색. 귀와 모발(毛髮)은 신장의 표징 역할
을 한다.

② 모발의 윤기가 없다. 윤기가 없거나 땀에 저린 것 같게 된
다.

③ 양쪽의 눈동자가 바깥쪽으로 치우쳐 자리잡는다. 그림처럼
사시(斜視)형이 된다.

✚ 암(癌)에 주의해야 할 인상

① 숨쉴 때 냄새가 풍긴다. 몸에서도 이상한 냄새가 풍긴다.
② 거므스레한 얼굴 색깔. 또는 황갈색을 띤다.
③ 눈동자가 사시형이다. 신장 질환과 같게 된다.
④ 붉은 반점. 소인형상법에 적용할 때의 부위에 조심할 것.

■ 가정운(家庭運)

가정운은 이미 기술한 애정운과 표리(表裏)의 관계에 있다. 다만 부부, 가정, 자녀 등의 사항을 보려면 또 다른 각도에서 판단할 필요가 있다.

옛날의 인상학에서는 남편은 바깥에서 일하고 아내는 안에서 가정을 지키는 것이 좋다는 관점에서 양처의 상은 말수가 적고 조용하며 불평하지 아니하고 오로지 남편의 귀가를 기다린다는 성격을 상상(上相)이라 하였다.

그런데 오늘날에 와서는 남성에게도 마이홈적인 것이 요구되고 여성도 바깥에서 활동하게 되는 상황이 되어 있다. 즉 남성에게는 여성화가, 여성에게는 남성화가 조화를 이룰 때 가정운과 결부되는 조건으로 변천하고 있다는 것이다.

● 가정운을 보는 법 — 상성(上性)

가정은 부부가 이루어 나가는 것이다. 그래서 가정운의 큰 포인 트는 두 사람의 상성이라는 말이 된다. 동형(同型)끼리 결혼하면 서로 이해할 수 있는 관계가 되어서 좋지만 생활 태도도 같아져서 위기에 부딪쳤을 때 이를 극복하기가 어려워진다.

서로의 장점과 단점을 알고 그 좋은 면을 살리는데 유의하기 바 란다. 다음에 여성에서 본 남성과의 상성(上性)을 기술하기로 한 다.

① 네모진 형의 여성 입장에서 본 상성(上性)

네모진 형. 양편이 모두 적극적인 리드형이므로 무드 조성이 서 툴어서 부부싸움이 자주 일어나게 된다. 그러나 협력 정신이 왕성 한 두사람은 무슨 일이 일어났을 때나 위기에 직면하면 서로 손을 잡고 힘을 발휘한다. 밤의 상성은 길(吉)하다.

역삼각형. 적극적인 여성은 소극적인 남성에게 항상 짜증을 일 으키고 있을 것이다. 남성에게 잔소리를 하면서 달려 들어도 손쉽 게 입싸움에 지고 만다. 위기 때는 고생을 하겠지만 서로가 독선을 부리지 말고 이해하도록 노력하면 화합이 가능할 것이다. 밤의 상 성은 한걸음 더 노력이 필요하다.

둥근형. 당신에게 상냥하고 안락을 줄 것이다. 믿음직스럽지 못한 면도 있겠지만 당신의 노력으로 보조를 잘하면 행복한 가정을 이 룩할 수 있다. 밤의 상성은 길(吉)하다.

② 역삼각형인 여성 입장에서 본 상성

네모진 형. 그이는 믿음직하고 모든 면에 있어서 당신을 리드해줄 남성이다. 손이 빨라서 탈이지만 당신의 입장에서 볼 때 사소한데 배려가 미치지 못하는 불만이 있겠지만 본질적으로는 가정을 소중 히 하는 사람이다. 위기에 부딪치면 강하다. 밤의 상성도 길(吉)하 다.

역삼각형. 서로 세심한 데까지 마음을 쓰는 성격이어서 가정생활에서도 사소한 다툼이 많을 것이다. 불만도 많겠지만 취미도 같으므로 즐겁게 지낼 수 있다. 위기에는 약한편 밤의 상성은 노력하면 길하다.

둥근형. 그이는 당신을 부드럽게 감싸주는 남성으로 여러 가지 상담에도 부담없이 응해주는 사람이다. 남의 의지가 되어주기도 하고 이해심이 많은 그이는 위기도 극복할 것이며 행복한 가정을 이룩해 나갈 것이다. 밤의 상성도 대길하다.

③ 둥근 형인 여성의 입장에서 본 상성

네모진형. 당신의 입장에서 볼 때 가장 믿음직한 남성이다. 당신이 포기해 버리는 일도 타고난 실행력으로 성취해 준다. 따뜻한 무드의 조성에 마음을 쓰면 가정은 원만하고 밤의 상성도 대길하다.

역삼각형. 당신이 무드를 조성하도록 마음을 쓸 필요가 있다. 두뇌의 회전도 빠르고 성실한 그이지만 활동력이 부족하여 당신에게 맡기는 일이 많을 것이다. 위기에 부딪쳤을 때 극복 여부는 당신의 마음 먹기에 달렸다. 따뜻한 가정을 이룩하도록 노력하는 것이 행복의 제1조건이다. 밤의 상성은 약간 약하지만 길하다.

둥근형. 무슨 일이나 당신의 뜻에 맞추어 문제를 일으키지 않는 그이이다. 다만 매일이 평범하고 적극성이 결여되어 있다. 금전운은 있으나 두사람 다 낭비를 삼가할 것, 위기에 부딪치면 약간 약하고 밤의 상성은 길하다.

▣ 마이홈형의 인상

가정형의 포인트

자녀복을 나타내는 포인트

① **이마의 주름이 아래쪽에 한가닥.** 가정을 사랑하고 가족을 사랑하는 사람이다.

② **눈보다도 긴 눈썹.** 눈썹은 너무 검지 않을 정도로 진하고 지나치게 굵지 않은 것이 조건의 하나이다. 온화한 마음씨의 소유주로서 원만한 가정을 영위할 것이다.

③ **약간 처진 눈, 쌍꺼풀.** 적당한 정열과 부드러움을 아울러 지닌 사람이다.

④ **코끝이 둥글다.** 원만하고 온화한 사람이다. 다만 콧망울의 장도(張度)가 지나치면 가정적이라고는 할 수 없다.

⑤ **두꺼운 입술.** 깊은 애정의 소유주이다.

⑥ **턱끝이 둥글다.** 마이홈주의의 사람이다.

▣ 다산형의 인상

① 눈꺼풀 아래가 부풀어 있다. 자녀가 많겠고 게다가 순산형이다.

② **힘이 있고 폭넓은 코**. 남성의 섹스가 강함을 나타낸다.

③ **가지런한 인중**. 가늘지도 않고 넓지도 않은 그림과 같은 인중의 사람은 좋은 자손복을 타고 난다.

④ **입술에 세로줄**. 줄이 깨끗한 경우 좋은 애정운을 타고 났으며 자녀연(子女緣)도 좋은 사람이다.

▣ 난산형의 인상

어느 여건이나 자궁의 발달이 좋지 않으며, 거기에서 난산이 되기 쉬운 사람이다.

① **역삼각형의 얼굴**.

② **아랫턱이 엷고 작다**.

③ **미간이 좁다**.

④ **인중이 외줄처럼 가늘다**.

▣ 자녀운이 나쁜 인상

① 눈 아래가 움푹 패여 있다. 흠이나 점이 있는 경우도 다같이 자녀운이 나쁜 사람이다.

② 법령의 끝 부분에 점이 있다.

③얇고 넓은 인중의 세로줄. 어느 쪽이나 자녀운이 좋지 않다. 특히 인중이 없는 사람은 자식이 없거나 낳아도 잃어버리기 쉽다.

▣ 이혼하기 쉬운 여성의 인상

① 네모진 형의 얼굴. 이른 바 여장부로서 맵고 짠데가 있는 활달성이 지나치는 까닭에 이혼의 원인이 되기 쉽다.

② 광대뼈가 튀어나와 있다. 정면으로 튀어나와 있기 보다도 측면으로 튀어나온 사람이 이혼하기 쉬운 사람이다. 이는 너무 자기 주장이 강하다. 그런데 정면으로 튀어나온 사람은 불평 불만을 맞대놓고 입으로 털어 놓는 대신에 뒤끝이 깨끗하다. 한

가운데가 위로 올라간 입술

시비곡절을 따지기 좋아하는 입

편 측면으로 튀어나온 사람은 불만을 두고 두고 끈덕지게 털어 놓아서 피를 말리게 하는 사람이다.

③ 눈초리가 매서운 사람. 성격이 강경하다.

④ 아래로 처진 눈썹과 눈. 눈썹꼬리, 눈꼬리가 다같이 처져 있는 사람은 맺힌데가 없고 야무지지 못한 사람이다.

⑤ 좁고 높은 코, 단층 코. 냉정한 성격이며 자아가 지나치게 강하다

⑥ 턱뼈가 튀어나와 있다. 무슨 일이나 자기가 앞장서지 않으면 직성이 풀리지 않는다.

▣ 남편과 사별하기 쉬운 여성의 인상

① 둥근 눈으로서 안구(眼球)가 크다.

② 눈썹이 길다.

③ 눈이 매섭게 빛난다.

④ 상삼백안(上三白眼). 삼
방이 흰자위인 눈

⑤ 눈꼬리, 눈머리의 점. 남
성도 거기에 점이 있으면 아
내를 일찍 여읠 염려가 있다.

⑥ 남성지고 울퉁불퉁한 여
상(女相). 자력으로 혼자 살
팔자이다.

⑦ 아랫턱 밑에 콩같은 턱
이 더 있다.

남성진 여상

▣ 치맛바람을 일으킬 인상

① 남성진 얼굴. 아이들의 성적이 나쁘거나 아이들이 숙제를
풀지 못할 때면 짜증을 내고 발을 동동 구르며 분해할 사람.

② 이마가 높고 가느다란 얼굴. 자존심이 강하고 자기 아이들
이 남의 아이들에게 지는 것을 분해서 못견딘다.

▣ 바깥을 더 나다니는 인상

① 네모진 형의 얼굴. 바깥에서 적극적으로 활동하는 형이므
로 가정은 뒷전이다. 그러나 가정을 사랑하는 마음은 충분해서
위기가 닥치면 사생결단으로 가정을 지킨다.

② 눈이 모나 있다. 둥글지 못하며 직선적이다. 애증(愛憎)의
차이가 심해서 어느날 갑자기 집에 돌아오지 않게 된다.

③ 길고 좁은 코. 냉담한 성격으로 애정이 부족한 사람이다.

④ 뒷통수(後頭部)가 좁거나 혹은 절벽형. 가정이나 주거에의 애착이 부족하다.

⊛ 스포츠·학구운(學究運)

　자기는 어느 방면으로 나아가면 될 것인가 하는것은 누구나 모두 한 번은 생각하게 될 문제일 것이다. 특히 현재 학생인 사람은 공부를 해서 장래에 대비할 것인가? 혹은 공부보다 스포츠계로 뛰어들어서 성공할 것인가? 갈길을 잡기 힘들 것이다.

● 적성을 알아보는 법

　스포츠의 세계에서는 체력이 절대의 조건이다. 그러자면 얼굴이 네모진 형일 것(근골질), 분발성을 나타내는 옆폭이 있어야 하고 콧망울이 야무질 것, 단단한 아래턱뼈가 필요하다. 또 스포츠는 야구나 축구처럼 단체 경기인 것과 권투처럼 혼자 하는 것으로 구분되는데 그 적격의 여부는 성격이 좌우하는 요소가 된다.

　한편 학구일도의 학자를 목표로 한다면 역삼각형의 얼굴이고 넓고 높은 이마가 절대의 조건이다.

⑩ 투수형의 인상

고독한 마운드에서 정면으로 모든 적을 상대하는 투수는 야구의 각 Position 중에서는 이질적인 존재라 할 수 있다. 투수에는 속구형과 변화구형으로 구분되는데 그 어느쪽이나 유연한 몸과 고독을 견딜수 있는 힘, 타수와의 책략 대결의 묘술의 힘이 필요하다.

벌어진 귀가 책략의 포인트

① **역삼각형의 얼굴**. 제1바탕 혹은 제2바탕의 어느 쪽인가에 역삼각형이 들어 있다.

② **크고 옥귀 넓은 이마**. 옥귀는 지식욕을, 큰 귀는 대담성을 나타낸다. 여기에 넓은 이마의 두뇌가 덧붙여져서 타자와의 밀고 당기는 술책에 이기는 요소가 된다.

③ **삼각이고 엷은 아랫턱**. 선수생활의 시초는 턱끝이 가늘고 햇수가 겹쳐짐에 따라 혹은 기능이 향상됨과 동시에 턱이 모나게 된다.

④ **높은 이마, 긴 코, 측면 직선형이거나 凹형**. 여기에다가 삼각형, 베이스라면 변화구형이 된다.

⑤ **짧은 눈썹**. 성미가 급해서 구원투수형 단기 결전형이다.

⑪ 포수형의 인상

팀을 지키는 요체인 포수는 항상 자기팀과 상대팀 전체를 세밀하게 관찰하고 임기응변으로 대처하지 않으면 안된다. 자기 개인의 힘으로 밀어 붙여 나가는 특수형과는 그 성격 인상 등이 달라지기 마련이다.

포수형에게 요구되는 것은 팀을 이끌고 나가는 정력, 강한 어깨, 날카로운 관찰력, 파워이다.

① 네모진형의 베이스. 덧붙여서 피부가 두껍고 성긴 것이 필요하다. 파워가 있음

네모진 형이 홈을 지킨다

을 나타내며 타자로서도 필요한 조건이다.

② 낮고, 네모진형의 이마. 추리력이 있고 풍부한 지식을 쌓아나가는 능력이 있다.

③ 굵은 눈썹. 남성적 완고성을 갖추고 있으며 경쟁심이 강하고 적극적으로 리드해가는 사람이다.

⑪ Position별 야수의 인상

① 콧망울에 장도가 지나치고, 콧구멍이 크다(전선수) 분별력이 있다. 그러나 곧 성을 내고 그것이 실수와 연결된다.

② 콧마루가 좁다(전선수) 끈기가 강하고 다소간의 야유에도 끄덕도 하지 않는 투지가 있다.

③ 눈썹 머리쪽이 서있다(전선수) 기세가 왕성함을 나타낸다. 성미가 까다로운데도 있으나 적극 과감한 Sliding, 격렬한 투지,

공에 달려 드는 투지가 있다.

④ **좁은 미간**(쇼트, 2루수) 기민성을 나타낸다. 그러나 성미가 급한데가 있고 곧잘 화가 머리끝까지 올라서 폭투 (暴投)하기 쉽다.

⑤ **야무진 눈썹, 뚜렷한 법령, 큰 입**(외야수) 강한 어깨와 각력(脚力)을 나타낸다.

⑥ **턱이 벌어져 있다**(타자) 배드를 날카롭게 휘두르는 파워를 나타낸다. 또한 살집이 두꺼워야 하는데 순발력이 있다.

4각의 장글에는 6각형

⑦ **둥근형의 얼굴**(감독) 전선수 코치진을 뭉치게 해서 팀을 이끌고 가기 위해서는 사교적이며 인화를 유지하는데 능란한 둥근형이어야 한다.

⑩ 격투기(格鬪技)가 뛰어난 형의 인상

권투, 유도 등의 격투기에 뛰어난 사람은 20세에서 35세 사이까지의 운세가 특히 강한 육각형(六角形)의 얼굴이 그 특징이다.

① **얼굴의 중앙부가 네모진형** 제1바탕은 역삼각형이거나 장사각형이며 네모진형의 중앙부가 겹치면 전체적으로는 육각형으로 보인다.

② **광대뼈가 튀어나와 있다.** 특히 측면의 광대뼈가 야무지게

튀어나와 있는 사람은 남에게 지지않으려는 기질이 강한 사람이다. 남몰래 연습하고 밖으로 나타내지 않는 투지의 소유자이다.

③ **납작코** 끈질기게 물고 늘어지는 근성의 소유자이다. 이런 코의 사람은 일반적으로 살아남기 위해서는 무슨 일이나 서슴치 않는 강인성을 지니고 있다. 권투선수에게 많은 코인데 이것은 맞아서 변형이 된 것이 아니라 본래부터 이러한 코의 소유주이므로 격투기에는 필요한 조건인 것이다.

♣ 사회운(社會運)과 적직(適職)

　사회운이란 봉급자이거나 상업 경영자이거나 제각기 그의 직업에 있어서 어떤 인정을 받으며, 자기의 힘을 발휘할 수 있느냐? 혹은 어떻게 성공할 수 있느냐하는 것 등이다.

　이를테면 봉급자이라면 상사의 인도를 받아서 자기에게 알맞는 일을 맡는 것이 성공과 연결될 것이며 상점 경영이라면 고객의 애호를 받는 것이 번영의 조건인 것이다. 기술자나 자유 직업일지라도 외톨이로서는 성공할 수 없는 것이다.

　또 알맞는 직업이란 그 사람의 성격에 맞는 직업을 말하는 것이다. 외향성인 사람이라면 봉급자, 내향성의 사람이라면 내근, 사무 등이 좋을 것이다.

● 사회운과 알맞는 직업을 보는 법

앞에서 말한 것처럼 사회운이나 알맞는 직업을 보는 것은 그 사람의 성격을 파악하는 것이 포인트이다. 성격을 보는 법을 참조하기 바란다.

대충 말해서 네모진 사람은 기술자, 둥근형은 장사 혹은 영업 관계 역삼각형은 경리면 등의 내근에 적합하다.

♣ 성주(城主)가 될 인상

남다른 출세를 하는 사람은 어디엔가 보통 사람과는 차이가 있기 마련이다. 인상학에서는 그와 같은 얼굴을 이상(異相)이라 부른다. 한 마디로 말하면 선이 뚜렷한 생김새라 한다.

① 얼굴 생김새가 크고 두께가 있다.

② 제1바탕, 제2바탕의 어느 쪽인가가 네모진 형

③ 오관(五官)이 크고 뚜렷하다.

선이 굵은 얼굴은 비상한 출세

♣ 봉급생활자로 성공하는 인상

봉급생활자나 OL로 성공하기 위해서는 상사의 인도가 있어야 한다는 것이 첫째 조건이다.

① 높고 예쁜 이마. 이마는 상사나 부하 등 직장에서의 인간관계를 보는 곳이다. 거기에 홈이나 점이 있으면 실력만큼 인정을 받지 못하고 소외 당하는 불운이 있다.

② 이마의 중앙부가 융기해 있다. 상사의 인도를 받을 가능성이 강한 사람으로서 순풍에 돛단배처럼 수월하게 승진한다.

③ 완만한 curve를 그린 눈썹으로 털결이 곱다. 사람됨이 온화하고 대인관계가 원만하고 열심히 연구하기 때문에 인도를 받게 된다. 두뇌의 회전도 좋은 형이다.

④ 귓담(耳廓)이 귓바퀴 안에 있다. 상식적인 인간성을 지닌 사람으로서 편벽(偏僻)이 없는 까닭에 순조롭게 승진할 것이다.

⑤ 이마의 주름. 이마에는 보통 세 가닥의 주름이 잡히며 위로부터 상사, 자기, 부하의 순으로 운을 나타낸다. 세 가닥이 모두 보기좋게 잡혀있는 주름이라면 모든 운이 좋은 것이지만, 윗줄이 한 가닥 뿐일지라도 뚜렷하면 인도를 받게 되고, 어느 정도까지는 출세를 한다.

♣ 자유직업으로 성공하는 인상

그 방면의 실력에 덧붙여 교제술이 큰 요소를 차지하게 된다. 다음으로는 그 무엇에도 지지않는 불굴의 정신이 성공의 열쇠이다.

자유직업을 가지더라도 다음과 같은 특징이 없으면 꼭 둥근형의 보조자, 역삼각형의 조력을 빌리도록 하는 것이 중요하다.

① 이마가 낮고, 피부가 두껍다. 이마가 낮은 사람은 윗사람의 인도를 기대하기 어려우므로 필연적으로 자유직업을 택하게 된다. 실행력과 견실성이 있어서 독립하더라도 착실하게 성장해가는 사람이다.

② 발애(髮涯)에 난 세모꼴의 머리털. 반항상(反抗相)의

아래턱은 자유 직업의 포인트

한 가지로서, 어떤 난관에 부딪쳐도 뭐 이쯤이야 하고 굴하지 않는 정신력의 소유주이다.

③ **가로로 퍼진 작은 코.** 자립형으로서 끈기가 있는 성격의 사람이다.

④ **약간 둥근턱, 아랫턱의 옹달샘.** 외골수로 파고드는 고집이 있어서 마음먹은 일은 끝내 성취하고야 만다.

⑤ **풍만한 광대.** 사회성이 있고 대인 관계가 좋은 사람이다.

♣ 예술가형의 인상

① **제1바탕이 역삼각형.** 가장 감수성이 풍부한 얼굴 모양이다. 다만 같은 예술가로서도 조형 예술(조각, 건축, 장식품, 공예 등)계통으로 진출할 사람은 턱이 뚜렷하고 피부가 성깃할수록 네모진 형이 끼어들게 된다.

② **약간 엷고 넓으며 높은 이마.** 선천적으로 특출한 착상의 번쩍임을 지닌 형이다. 피부가 두꺼울수록 속성(俗性)이 끼어든다.

③ **가늘고 긴 눈썹.** 정서가 풍부하며 섬세한 감정의 소유주이다. 눈썹이 진할수록 정교 치밀한 표현이 되고 그림으로 말하면 세밀화(細密畵)처럼 된다. 눈썹이 엷으면 표현이 대범해지고 극단화하면 포인트만 강조하게 된다.

직감력 신비성을 나타내는 비구

④ 눈썹 두덩이 높게 융기하고 있다. 직관력이 예민하고 신비적인 면을 지니고 있다.

⑥ 귀가 벌어지고 있다. 귀가 찰싹 머리에 붙어있는 것이 아니라 대문이 열려 있듯이 벌어진 사람은 넓게 사물을 볼 수 있는 사람이다. 여러 가지 일을 보고 흡수한다.

♣ 스타가 될 인상

① 얼굴의 십자 부분의 색깔이 아름답다. 십자 부분의 전체 또는 일부분일지라도 아름다운 색깔이 나타나 있는 사람은 스카웃될 가능성이 있다. 아름다운 색깔이란 핑크색에 누런 빛이 감돌고 있는 것 같은 색이다. 손가락을 펴서 손등을 보았을 때 햇빛에 그을지 않은 손가락의 옆 가장자리에 광택을 내게한 것 같은 색을 말한다.

② 미두(眉頭), 눈썹꼬리, 입 언저리의 점. 속된 말로 예능점이라 부르는 것인데 예능계에서의 성공과 연결된다. 다만 그 장소에 따라서 운세적으로 보면 커다란 차이가 있다. 남성인 경우는 흠도 무방하다고 한다.

③ 이마의 모서리에 아름다운 색깔. 그림처럼 줄기가 비스듬히 아래로 뻗쳐 있을 때는 남의 눈에 띠이게 될 때이다. 더욱이 초대면인 사람일

스타에의 길을 열 예능 점

수록 스카웃 당하게 쉽다.

④ 눈이 반짝이고 있다. 눈이 반짝 반짝 빛나고 있을 때는 자기 스스로 운을 부르게 된다.

♣ 학자형의 인상

① 이마의 양단이 벗겨져 있다. 양단이 머리털 부분까지 잠식해서 넓어진 이마의 사람도 같다. 지능형의 이마로 사려깊고 독창성이 있으나 다소 이치를 따지는 버릇이 있다. 이런 이마로 얼굴이 역삼각형이라면 세속을 초월하고 이른바 상아탑에 들어박히는 형이다.

② 팔(八)자 눈썹으로 그의 꼬리가 굵다. 학구적이며 항상 연구를 잊지 않는 형이다. 기세가 왕성한 학자는 눈썹털이 상하에서 포개어지듯이 나 있다.

③ 뚜렷한 법령. 끝이 벌어진 법령보다 약간 입을 에워싸듯이 뻗고 있는 편이 학자형이다. 좁은 영역을 깊이 파고 들어서 연구하는 형이다.

♣ 물장수로 성공할 인상

① 제1, 제2바탕이 다같이 둥근형. 손님 다루는 솜씨가 능란하고 술주정꾼도 멋지게 비위를 맞추어 줄 수 있다. 특히 여성으로 이중턱이거나 그와 비슷한 경우에는 물장수

관자놀이가 음식 솜씨의 포인트

(다방, 술집, 식당, 요정)에 다시 없는 호조건이다.

② 관자놀이가 부풀어 있다. 관자놀이의 둘레는 맛에 대한 민
감성을 나타내는 곳이다. 부풀어 있는 사람은 간을 잘 맞추어
맛이 좋고 음식 솜씨가 좋다고 일컬어진다.

③ 납작코. 부침(浮沈)이 심한 세계에 있어서 억척같이 살아
가는 강점을 지니고 있다.

♣ 전직하기 쉬운 인상

① 측면 凹형으로서 두께가 없는 사람. 실행력이 없는 주제에
탁상공론으로 판단하여 「이 일」 또는 「이 직장」은 장래성이 없
다고 하여 곧잘 다른 곳으로 옮겨버리고 싶어하는 사람이다. 의
지가 약한 것도 전직하는 원인의 하나이다.

② 가늘고 야무지지 않는 코. 자주성이 없고 남의 말을 듣고
서 간단히 움직이거나 사소한 일로 싫증을 일으킨다.

③ 짧고 엷은 눈썹. 지구력(持久力)이 없고 생각도 얕은 사람
이다.

⑤ 둥글고 큰 눈. 새것을 좋아하는 형이어서 체념이 빠르다.
그래서 자꾸만 직장을 옮기는 형이다.

■ 편 저 ■

박 이 순

· 대한 영리학 풍수지리 연구학회(전 수석연구원)

실용사전식

현대 사주명리학 길라잡이	定價 **14,000원**

2020年 07月 20 2판인쇄
2020年 02月 17日 2판발행
편 저 : 박 이 순
발행인 : 김 현 호
발행처 : 법문 북스
〈한림원 판〉
공급처 : 법률미디어

152-050
서울 구로구 경인로 54길 4
TEL : 2636 - 2911~2, FAX : 2636 - 3012
등록 : 1979년 8월 27일 제5-22호
Home : www.lawb.co.kr

▌ISBN 978-89-7535-582-0 (95180)

인상학적으로 본

◆건강과 장수운
◆가정 · 스포츠 · 학구운
◆ 사회운과 직업운

택일명감

법문북스

93180

ISBN 978-89-7535-285-0

9 788975 352850

가격 14000원